AF311566

LE

COMMANDANT TRÈVE

D'APRÈS SA CORRESPONDANCE

PARIS

TYPOGRAPHIE DE E. PLON, NOURRIT ET Cie

8, RUE GARANCIÈRE, 8

1887

LE

COMMANDANT TREUE

PARIS. TYPOGRAPHIE DE E. PLON, NOURRIT ET Cie

Rue Garancière, 8.

QUELQUES PAGES DE LA VIE D'UN MARIN

LE
COMMANDANT TRÈVE

D'APRÈS SA CORRESPONDANCE

PARIS

TYPOGRAPHIE DE E. PLON, NOURRIT ET C⁰ⁱᵉ

RUE GARANCIÈRE, 8

1887

La présente notice sur la vie du commandant Trève serait restée un document intime, si de nombreux amis de la famille n'avaient insisté pour que ces pages fussent livrées au public. Il n'est pas indispensable, en effet, qu'un homme atteigne la plus haute illustration pour que l'on songe à conserver la mémoire de ses principales actions; ne suffit-il pas que son existence ait été assez bien remplie pour servir d'exemple et d'encouragement? Et, certes, la vie du commandant Trève est de celles que l'on peut mettre sous les yeux des jeunes officiers. A chaque page, ils y trouveront la mise en pratique constante d'une devise, qui était la sienne :

« *Dieu, le devoir toujours, la Patrie.* »

***

Paris, juin 1887.

LE COMMANDANT TRÈVE

Auguste-Hubert-Stanislas Trève naquit au Havre, le 1er novembre 1829, troisième fils de Benoit Trève, commis principal de la marine en retraite [1]. Un an après sa naissance il perdait son père, et, six ans après, sa mère, femme d'un grand sens et d'une grande piété, qui, après la mort de son mari, s'était retirée à Lesneven, petite ville du Finistère, à proximité de sa famille, pour y suivre au collège de cette ville l'éducation de ses trois fils. Elle avait quitté la vie avec l'entière confiance que Dieu, qui, à l'âge de quarante ans, l'enlevait à ses fils, veillerait sur eux d'une manière spéciale. La tutelle des trois orphelins échut à un oncle maternel par alliance, M. Mancille, et, après sa mort, à son gendre, M. Félix Pitel [2]. La confiance de la pieuse femme ne fut pas trompée : ses trois fils trouvèrent dans leurs tuteurs et dans leur tante, mademoiselle Félicité Bousogne, une affection vraie, une direction éclairée. Le petit Auguste, en raison de son jeune âge, fut l'objet de soins particuliers. Joli enfant, rappelant sa mère par les principaux traits, doué d'un esprit très-vif, tous l'aimaient. Avant l'âge de seize ans, il était admis, après un brillant

[1] Trève armait au Havre pour le commerce des gommes avec le Sénégal.
[2] Juge au tribunal de commerce de Brest.

examen, à l'École navale, et en sortait deux ans après dans
les premiers rangs de sa promotion [1]. A la même époque,
son frère Adolphe sortait de l'École militaire de Saint-Cyr
pour entrer dans l'infanterie de marine, où il devait parvenir au grade de colonel. L'aîné, Armand, qui l'avait
précédé à l'École militaire, avait dû donner sa démission
pour faiblesse de constitution et entrait au concours dans
le commissariat de la marine, où il devait parcourir une carrière parallèle à celle de ses deux frères.

A peine sorti de l'École navale, Auguste Trève fut
embarqué sur l'*Iphigénie*, frégate-école des canonniers,
où il fit une période d'instruction de six mois; puis
il acheva ses quatre années d'aspirant à bord de petits
navires, bricks et goëlettes, très-employés à cette époque.
Le jeune aspirant eut la bonne fortune de faire une campagne de vingt-sept mois à bord du brick *l'Olivier*, commandé par M. Fabre Lamaurelle, aujourd'hui vice-amiral,
et qui sut deviner en lui un officier d'avenir [2]. On naviguait
beaucoup à bord de ces petits bâtiments, et l'on devenait
marin, pour peu que l'on eût quelque aptitude au métier
de la mer. Trève se plaisait à rappeler la rude épreuve à
laquelle il fut soumis dans une traversée des Antilles à
Brest à bord de la goëlette *la Gazelle*, qui par un temps
forcé entra à Brest en novembre 1850, après être restée plusieurs jours en perdition. Une longue campagne de trente-

---

[1] Entré le quinzième, il sortit le cinquième de sa promotion.

[2] « M. Trève a rempli pendant quinze mois les fonctions d'officier de quart,
et je n'ai eu que des éloges à lui adresser en toutes circonstances. Il
observe et calcule très-bien, et je ne doute pas qu'il ne devienne un excellent officier. » — FABRE LAMAURELLE.

cinq mois dans les mers du Sud, à bord de la corvette *la Prudente*, au cours de laquelle il fut promu enseigne de vaisseau, acheva son éducation nautique et permit à ses camarades de le classer au nombre des meilleurs officiers. Il sut se rendre utile par son sang-froid, par la sûreté avec laquelle il observait. A la justesse du coup d'œil il joignait une belle voix de commandement, qualité indispensable et fort appréciée dans l'ancienne marine à voiles.

Cette campagne de la *Prudente* fut marquée par un de ces épisodes assez fréquents en marine. C'était au coucher du soleil, par le travers du cap Horn; la corvette filait avec bonne brise, lorsque le cri : « Un homme à la mer! » se fit entendre. Vivement une embarcation est mise à l'eau ; l'aspirant Trève s'y jette avec quelques hommes et le retrouve au moment où, à bout de forces, il allait couler. Mais pendant ce temps la *Prudente* s'était éloignée, la nuit s'était faite, et la baleinière, qui avait séché sur les porte-manteaux, faisait tellement d'eau que, bientôt, sauvé et sauveteurs se trouvèrent en grand péril, car la *Prudente*, ayant perdu de vue son canot, s'en éloignait en le recherchant. Deux heures d'anxiété s'écoulèrent, pendant lesquelles Trève sut inspirer à son petit équipage, qui s'épuisait à maintenir le canot à flot, une confiance qu'il commençait lui-même à perdre.

Si le séjour à bord des petits navires est favorable à l'instruction nautique des jeunes marins, il a aussi, s'il ne rencontre pas à bord quelque esprit élevé ou supérieur, un désavantage marqué par rapport aux grands bâtiments, où un état-major plus nombreux offre plus d'éléments pour le développement de tout ce qui complète l'officier de marine. Au cours de cette interminable campagne, Trève sentit plus d'une fois l'ennui l'envahir. Il ne se déroba à ses funestes effets que par l'étude aussi variée que le permettaient les ressources du bord. « La densité « de l'atmosphère dans laquelle je vis est trop grande, je « suis comme suffoqué », lit-on dans une de ses lettres datées de la *Prudente*. Le jeune enseigne de vaisseau avait déjà reconnu que l'instruction toute spéciale du vaisseau-école était insuffisante pour les situations si diverses auxquelles pouvait être appelé un officier de marine, et il s'appliquait à la compléter : les éléments du droit public et administratif, la réglementation maritime, et surtout l'histoire, telles étaient ses études favorites. Disons aussi qu'à cette époque, la lecture méditée des superbes conférences du Père Lacordaire imprégnait son esprit d'un sentiment religieux que l'expérience de la vie ne fit que fortifier. Son esprit ardent visait au progrès, et il regrettait que le département de la marine n'eût pas un organe de ses intérêts autre que l'insignifiant journal du temps *la Flotte*, et qui, dans sa pensée, devait donner l'hospitalité à tous les travaux des officiers des différents corps de la marine [1].

Si la vie resserrée du bord fait naître quelquefois des antipathies, elle engendre aussi de fortes amitiés. Trève avait trouvé à bord de la *Prudente*, dans un officier de son âge, une âme qui correspondait à la sienne; atteint d'une affection qui ne pardonne pas, cet officier fut renvoyé en

---

[1] Cet organe a été créé plus tard sous le nom de *Revue maritime et coloniale*.

France en cours de campagne. La séparation fut vivement ressentie par les deux amis, d'autant plus vivement du côté de Trève que, dans sa pensée, c'était un adieu. Voici comment il le peint : « J'ai pour lui une affection de frère, je « n'ai pas encore rencontré un plus noble caractère, son « cœur renferme des trésors de bonté ; sa mère, morte en « sainte, a déposé en lui des principes solides, et ses jeunes « vertus se reflètent sur son visage rempli de distinction. « Dans quel état va-t-il arriver? Déjà je tremble que le « changement de climat n'ait activé le mal qui doit le con- « duire au tombeau [1]. »

Mais c'est à la pensée de ses frères qu'il éprouvait ces attendrissements que comprendront tous ceux qui ont ressenti les tourments de l'absence. « Je n'ai qu'un seul « désir, écrivait-il à l'un de ses frères, c'est de me jeter « dans tes bras, dans ceux de ton excellente femme, et de « presser sur mon cœur tes deux petits enfants. » La vie de bord, toute de devoir, lorsque l'officier de marine sait se soustraire aux excitations du dehors, maintient dans leur intégrité toutes les forces de l'homme : corps, intelligence, cœur s'en trouvent bien. Le seul fait intéressant de cette campagne de trois ans, fut la part que prit la *Prudente* à la démonstration opérée à Guayaquil par la *Forte*, la *Pénélope* et le *Prony* contre la République de l'Équateur, pour obtenir la réparation d'une insulte faite au représentant de la France et des dommages éprouvés par nos nationaux. La *Prudente* s'était montrée sur tout le littoral du Chili,

<hr>

[1] Lettre du 25 septembre 1852, sur M. de Saint-Germain.

de la Bolivie et du Pérou, et le jeune officier écrivait, à la
date du 28 mars 1853 : « L'arrivée de nos beaux bâtiments
« dans ces mers fait un très-bon effet sur ces républiques
« de l'Amérique du Sud, où nos nationaux avaient cessé
« d'être respectés depuis 1848, faute d'une station navale
« capable de leur en imposer. L'on ressent jusqu'ici
« l'influence du gouvernement fort et résolu qui a pris en
« main les destinées de la France. » Vérité de tous les
temps, pour être respecté à l'étranger, il faut être forts
et unis chez soi. Cette longue campagne prit fin en
décembre 1853.

La guerre contre la Russie laissa peu de temps de repos
à Trève; il eut la mauvaise chance d'embarquer successivement, en qualité d'officier en second, sur de petits bâtiments, *la Panthère* [1] et *l'Églantine*. Ce dernier tint longtemps station à Yenikaleh et à Kertsch : mais, malgré le vif
désir de tous, officiers et équipage, il ne leur fut pas donné
de combattre. Quel chagrin pour des braves qu'enthou-
siasmaient les exploits de nos soldats devant Sébastopol,
et auxquels les marins étaient si glorieusement associés!
Quoi qu'il en soit, on s'entendait très-bien à tuer le
temps : la chasse, la musique, le travail toujours et la lecture occupaient les heures. La plume de Trève ne restait
pas oisive, et le *Constitutionnel* recevait ses confidences.
Ainsi se formait son style, dont la netteté fut plus tard
remarquée. « Vous pointez vos récits », lui écrivait-on de
la rédaction; à quoi il répondait : « Je préférerais pointer

---

[1] A Gallipoli, on stationnait la *Panthère*. Trève faillit être enlevé par une
attaque de choléra.

nos canons, mais il n'y a en vue que des cailles! » Ce
n'est pas ainsi que l'on va à la gloire; la guerre terminée,
il revint sans lauriers, comme il était parti.

Les désarmements, qui suivirent le traité de 1856, pro-
curèrent à la marine un repos bien mérité, et Trève se hâta
de revenir à Paris, où l'attiraient ses relations de famille et
les facilités d'instruction qui y abondent. Son attrait pour
les sciences physiques se prononçait : témoin du redoutable
emploi de l'électricité qu'avaient fait les Russes à Sébastopol pour faire éclater les fourneaux de mine sous les pieds
de nos soldats, et pressentant le parti que l'on pourrait en
tirer désormais dans la marine, il s'attacha à l'étude de cet
agent merveilleux, et, pendant un long congé qu'il obtint,
il suivit les cours de la Sorbonne. Bientôt l'éminent professeur Despretz le distingua et lui voua depuis un intérêt
tout particulier. À la même époque, Trève entrait en relation avec le célèbre constructeur électricien Ruhmkorff, qui
devint bientôt pour lui un ami. Il ne tarda pas à passer de
l'étude aux applications, et, en 1857, il adressait au
ministre de la marine un mémoire sur les applications
diverses dont l'étincelle électrique et l'appareil Ruhmkorff
paraissaient susceptibles à bord des bâtiments de la flotte
pour établir des communications instantanées entre le
capitaine et les organes vitaux du navire : barre du gou-
vernail, machine, soute à poudre, et aussi pour l'explosion
des mines sous-marines destinées à la défense des rades
et dont l'usage est si général aujourd'hui.

Frappé de l'insuffisance des signaux de nuit à bord
des bâtiments de la flotte, il imagina un système de fanaux

basé sur l'emploi combiné du gaz comprimé et de l'étincelle d'induction. Les premières expériences furent pratiquées à bord du simulacre de frégate-école que les Parisiens ont longtemps connu sur la Seine, auprès du pont Royal. A ce moment, cette frégate stationnait près et en aval du pont de la Concorde, si bien que l'amiral Hamelin, ministre de la marine, put les suivre de son cabinet. Il fut tellement frappé du résultat obtenu, qu'il attacha au ministère l'enseigne de vaisseau en congé, et, sur la proposition du Conseil des travaux de la marine, lui donna mission d'aller à Toulon pour exécuter des essais plus complets dans l'escadre d'évolutions. Ils se firent d'abord à terre, en présence de nombreux témoins : l'éclat supérieur des lumières, l'instantanéité avec laquelle les fanaux s'allumaient ou s'éteignaient firent sur les témoins un effet saisissant et gagnèrent au jeune inventeur les sympathies d'officiers déjà très en vue à cette époque [1]. En escadre, les expériences eurent lieu à bord du *Duchayla* et de la *Bretagne*. Trève en a rendu compte dans une lettre que nous reproduisons, parce que, en plus de sa conformité avec le compte rendu officiel, elle montre la généreuse ardeur de tous pour réaliser un progrès dont chacun comprenait l'importance capitale. « Un de mes appareils était « à bord du vaisseau *la Bretagne*, l'autre à bord du « *Duchayla*. Voici l'ordre pour l'escadre : de neuf à « dix heures du soir, quand l'amiral l'aura signalé, le « *Duchayla* fera des signaux; chaque vaisseau, lorsqu'il

---

[1] MM. les commandants Gicquel des Touches et Chaigneau, plus tard amiraux.

« l'aura compris, laissera comme aperçu à la corne un
« feu unique. La *Bretagne* devait répéter mes combinai-
« sons. Malheureusement, l'officier qui s'était chargé de
« faire marcher l'appareil à bord de ce vaisseau n'avait
« pas bien saisi mes explications, et le fonctionnement n'en
« a pas été satisfaisant. Mes signaux à bord du *Duchayla*
« ont marché à ma satisfaction. J'y ai d'ailleurs trouvé un
« état-major empressé à me seconder. Pendant la durée
« de mes trois expériences, tous s'employaient : Hamelin
« tournait les robinets, Tirard maniait l'électricité et Andréa
« de Nerciat veillait les aperçus. L'escadre répondait
« aussi vite qu'en plein jour à mes signaux, qui duraient
« quatre à cinq minutes; il y en a qui ont duré trois
« et même deux minutes. Les élèves criaient : Admirable!
« et l'équipage de faire chorus. Mes feux ont surpassé
« en éclat les anciens, le fait est admis, irrécusable...
« mais, à bord de la *Bretagne*, l'impression est défavo-
« rable. »

Les rapports des bâtiments s'accordèrent à reconnaître
qu'un progrès considérable était réalisé, mais deman-
dèrent à l'unanimité que le système fût rendu plus pratique, et qu'à cet effet le ministre voulût bien fournir à
l'enseigne de vaisseau Trève les moyens de continuer
l'étude des perfectionnements à apporter à l'appareil. Ce
système de signaux de nuit était en avance sur la science;
la solution du problème s'est fait attendre jusqu'à nos
jours, où, seulement, les machines magnéto-électriques de
M. de Méritens ont résolu la question.

De cette époque date l'adoption, provoquée par Trève

(rapport du 9 septembre 1857), des lentilles à échelons pour les fanaux fixés dans les hunes et sur le couronnement des vaisseaux amiraux. Une telle substitution procura à ces feux un accroissement d'éclat très-notable.

A quelque temps de là, en janvier 1858, un succès venait encourager Trève dans la voie où il s'était engagé : sur le rapport favorable d'une commission *ad hoc*, le ministre ordonnait l'installation à Toulon d'un appareil basé sur l'emploi de l'électricité pour signaler aux bâtiments en rade l'heure du midi moyen, et servir ainsi et sans déplacement au réglage des chronomètres à bord des navires. Voici en quels termes concluait la commission : « Après les expériences les plus concluantes, la « commission émet l'avis qu'aucun mode de transmis- « sion ne lui paraît apte à résoudre la question aussi « complétement, dans tous les cas où le signal ne pourra « être fait directement de l'observatoire, et il est à « désirer qu'un système semblable soit généralisé, tant « dans les ports de commerce que dans les ports mili- « taires. »

Ces travaux, ces efforts pour vulgariser dans la marine les applications de l'électricité, avaient attiré sur leur auteur l'attention des hommes de progrès. Un officier, qui devait plus tard se placer au premier rang de nos amiraux et aussi marquer sa place au Conseil d'État, M. le capitaine de vaisseau Bourgois, se l'attacha en qualité d'officier de choix, pour faire à bord du *Gomer*, et contre l'Autriche, la campagne de l'Adriatique. Il se proposait de le faire coopérer à la destruction des barrages de la passe de Chioggia devant Venise. Mais les préliminaires de paix de Villafranca interrompirent brusquement la campagne. Ce zèle soutenu pour le bien du service reçut à ce moment sa première récompense. Trève, encore simple enseigne de vaisseau, fut, par décret du 11 août 1859, nommé chevalier de la Légion d'honneur. Les sympathies qu'il inspirait lui furent utiles d'une autre manière, et le ministère prit à son compte les dépenses d'expériences sous le poids desquelles les finances du jeune officier s'étaient effondrées.

Le 29 novembre 1859, Trève passait à l'ancienneté lieutenant de vaisseau [1].

L'année 1860 le transporte sur un théâtre où il allait développer les qualités d'un esprit ouvert et remarquablement intelligent. A la guerre avec l'Autriche avait succédé un grave conflit avec l'Empire du Milieu. Le lieutenant de vaisseau Trève prit part à l'expédition, aujourd'hui légendaire, contre la Chine, d'abord comme officier de choix de M. le capitaine de vaisseau Bourgois, puis comme officier ou capitaine du *Weser*, de la *Meurthe*, du *Kien-chan* et du *Mirage*. Le *Duperré*, commandant Bourgois, parti de Toulon avec six cents passagers militaires, dut louvoyer pendant vingt-deux jours contre de très-forts vents d'ouest, et fut forcé de chercher un abri au mouillage des Roquettes, dans la baie d'Alméria : Trève fut envoyé à terre pour s'enquérir près des pratiques du lieu des probabilités d'un changement de

---

[1] En 1859, le préfet maritime de Toulon lui adressait une lettre de félicitations pour le dévouement dont il avait fait preuve dans un incendie.

temps, traiter du salut, et accessoirement « faire main
« basse sur tous les légumes disponibles ». Ce fut un événement pour les gens du pays, qui, hommes, femmes et
enfants, se portèrent au débarcadère où l'officier français
fut reçu très-cordialement par le capitaine du port, vieux
et respectable marin, et par le capitaine des carabiniers
(*lire* des douaniers). A la question du salut, le capitaine
des carabiniers rougit et avoua n'avoir jamais aperçu de
canons au château d'Alméria. C'était pour le *Duperré* politesse faite et autant de poudre économisée.

Équitable et plein de droiture, nul mieux que Trève
n'était disposé à reconnaître le mérite de ses camarades
et de ses chefs. Parlant du commandant du *Duperré*, il
écrivait : « C'est un marin consommé. » L'amour du métier éclate dans ses lettres ; c'était avec bonheur qu'il
montait sur le banc de quart pour « faire pivoter » le
vaisseau : il était là dans son élément, et les vrais marins
comprendront cette sorte de volupté. Ne négligeant aucune
occasion d'acquérir, et un officier du génie passager ayant
bien voulu se faire son professeur, il apprit, pendant la
longue traversée du *Duperré*, le dessin au lavis.

La campagne de Chine fut pénible pour la marine et ne
lui procura que rarement les émotions et la gloire du
combat. Il avait été arrêté qu'une base d'opérations serait
établie sur le Péhi-ho, et à cette fin il fallait forcer les
passes du Pé-tang, fleuve situé à neuf milles du Péhi-ho.
Le 1ᵉʳ août 1860, le lieutenant de vaisseau Trève reçut
l'ordre de passer du *Weser* sur une des petites canonnières
et d'y embarquer les engins d'explosion préparés pour

briser au besoin les estacades. Voici son récit assez gai
de cette affaire :

« A onze heures et demie du soir, j'embarque sur l'un
« de ces petits chaudrons ; le voilà qui s'échoue et se dé-
« jauge de cinquante centimètres ; — impossible de par-
« tir ; — le temps presse, on n'attend pas ; la passe va
« être forcée. Je prends le youyou et cours à l'*Avalanche*,
« portant le pavillon de l'amiral Protet : je lui explique
« l'affaire, la désolation du capitaine et le prie de retarder
« d'une heure. « — Impossible. — Alors, amiral, laissez-
« moi jeter à votre bord mes deux caisses de poudre toutes
« préparées ; donnez-moi la satisfaction d'aller au feu avec
« vous ; peut-être aurai-je le bonheur de vous être utile.
« — Oui, oui, Monsieur, montez, montez. » — Je saute
« dans mon youyou, revole vers le chaudron échoué,
« prends mes deux caisses de 60 et 70 kilos de poudre
« et fais route sur la colonne des canonnières. Un
« retour du courant m'est favorable : j'empoigne l'*Ava-*
« *lanche,* mes caisses sont embarquées et me voici sur la
« dunette.

« Nous sommes en route, — nous attendons des prunes ;
« — rien, rien. Les alignements sont dépassés, la
« passe est tournée, nous mouillons tous. C'est pour le
« matin ; c'est, paraît-il, la coutume des Chinois. Il est
« une heure du matin ; nous nous jetons tous sur des pa-
« villons étendus sur la dunette et attendons le petit jour.
« A quatre heures juste, nous levons l'ancre, et dix mi-
« nutes après, nous sommes embossés par le travers des
« forts de la rive gauche, à toucher l'amiral anglais, —

« nous envoyons deux obus, — pas de réponse ; — quel-
« ques hommes sortent précipitamment du fort et vien-
« nent se mettre à genoux devant la première courtine. —
« Bas le feu! — Une embarcation va à terre et l'on plante
« sur le fort les deux drapeaux français et anglais. — Vic-
« toire facile, trop facile! Évacuation avant coups, amère
« déception! »

À quelques jours de là, en septembre, Trève, sous la
direction de M. le commandant Bourgois, faisait sauter
ceux des forts de Takou dont la destruction avait été recon-
nue nécessaire, puis il fut nommé commandant de la
plage du Pehi-ho. Les suppléments de solde qu'il reçut
dans cette situation lui permirent de relever ses finances,
toujours au plus bas du fait des expériences; tout y passait à Paris. « Je paye mes dettes contractées ici, étant
« parti sans le sou. J'achète du bazar que je n'avais pas.
« Dans quelques mois, j'aurai payé toutes mes dettes.
« Quel bonheur! quelle aubaine! mais à quel prix? Je
« suis bien fatigué, je te l'assure, de cinq heures du matin
« à six heures du soir au travail, courant, criant, compta-
« bilisant, déchargeant, chargeant des jonques, des navires,
« souvent dérangé pendant la nuit. »

Mais son activité allait être transportée dans une région
plus élevée. La complication d'intérêts qu'avait créée l'occupation de Pé-kin par l'armée anglo-française, les besoins
de son ravitaillement, les rapports avec les autorités chinoises, avaient fait reconnaître la nécessité d'établir à Tien-
tsin une agence consulaire. M. de Bourboulon, ministre
plénipotentiaire de France en Chine, ayant demandé à la

marine un officier pour en remplir les fonctions, Trève fut désigné par M. Bourgois, commandant supérieur des forces navales dans le Pehi-ho.

Intérêts de toutes sortes, rapports avec les chefs des deux armées, capitaine de port en même temps que consul, Trève trouva dans ce poste improvisé un travail écrasant et des difficultés qu'il ne surmonta que par un heureux mélange de tact, d'énergie et de patience. Il sut si bien se faire apprécier par le ministre de France que, lorsque celui-ci dut se séparer du premier secrétaire de la légation, il fit venir Trève près de lui à Pé-kin pour le remplacer. Cette situation l'appelait à traiter de pair à pair avec les ministres du prince Kong, régent de l'Empire, et les principaux fonctionnaires, et il put constater la distance qui sépare la civilisation vieillie de l'extrême Orient, de la civilisation chrétienne. Ruses, faux-fuyants, atermoiements indéfinis, duplicité, fourberies, c'était toute la tactique de ces « vieux enfants », comme il les appelle dans ses lettres. À ce sujet, il ne sera pas sans intérêt de reproduire le récit, tiré d'une lettre de Trève, d'une présentation au prince Kong, frère de l'Empereur, du commandant Bourgois que Trève accompagnait avec un autre officier. « Après quel- « ques questions sur la marine française et sur les apti- « tudes des Chinois à la profession de marin, le prince a « demandé au commandant ce qu'il pensait de la comète, « qui en ce moment attirait l'attention, et quels événements « elle faisait présager. Là-dessus, questions de tout genre, « de toutes couleurs se multipliant au point d'être obligé « de faire venir du papier et des pinceaux pour y tracer

« les courbes cométaires, planétaires, bref un véritable
« planisphère. Ce qui nous a le plus distrait dans cette
« entrevue, c'est la physionomie et l'attitude du jeune
« prince, qui passait d'un flux pressé de paroles au mutisme
« le plus complet, du rire immodéré au sérieux comi-
« quement imperturbable, suivant sans doute que ce fils
« du Ciel était plus ou moins satisfait de la conduite de tel
« ou tel astre. »

Le traité de Tien-tsin stipulait la liberté pour les Chinois
d'embrasser le christianisme ; il garantissait aux chrétiens
de toutes les confessions le libre exercice de leur culte, et,
en fait, attribuait à la France le protectorat des missionnaires catholiques et de leurs coreligionnaires chinois,
placés dorénavant en toutes choses sur le pied de la plus
parfaite égalité avec les autres sujets de l'Empereur. Le
traité stipulait aussi la restitution aux chrétiens et aux
missionnaires des propriétés, églises et cimetières dont ils
avaient été dépossédés par les persécutions antérieures.
Cependant, la paix était signée depuis six mois et le traité
n'avait encore produit aucun de ses effets : dix missions
étaient sans abri, et leurs chefs repoussés par les gouverneurs des provinces, bien décidés à user de tous les moyens
pour éluder l'exécution du traité. Celui-ci, d'ailleurs, ne
pouvait, près des mandarins de toutes classes et aux yeux
des populations, devenir une réalité que par la vertu d'un
édit impérial rendu dans les formes les plus solennelles et
s'imposant à l'obéissance de tous. Trève a consigné dans
un mémoire en date du 1ᵉʳ juillet 1863, les phases et les
incidents des négociations qu'il fallut poursuivre pour

arracher à la cour de Pé-kin cet acte définitif. Tout d'abord,
le gouvernement du prince Kong crut se libérer de ses
engagements par la promulgation d'un décret qui, tout en
ayant l'apparence d'accorder la liberté de conscience
stipulée par le traité, n'était au fond qu'une manière d'*articles organiques* la restreignant par des dispositions per-
fides et menaçantes pour les Chinois ayant embrassé le
christianisme. La légation de France se refusa à voir dans
cet acte l'exécution du traité, et de nouvelles conférences,
dont tout le poids retomba sur le premier secrétaire intérimaire, s'ouvrirent avec les ministres du prince Kong. Le
premier ministre était évidemment hostile, et, pour désar-
çonner sa politique cousue de réticences et de finesses
orientales, il fallut l'esprit net d'un homme jeune ne perdant
jamais de vue le but, et jusqu'à des brusqueries toutes militaires qui déconcertaient la politesse asiatique. En voici un
exemple, tiré d'une lettre de Trève en date du 12 février
« 1862 : Le premier ministre, assisté de trois gros digni-
« taires, conférait avec lui depuis deux heures de l'après-
« midi, on était arrivé à six heures sans grand résultat. A
« ce moment, un somptueux dîner fut servi, et, à son invita-
« tion de m'asseoir à sa table, je lui demandai si son inten-
« tion était de ne pas continuer la discussion; — j'étais
« venu pour traiter d'affaires graves dont la solution était
« urgente, et je ne consentirais à prendre place à sa table
« que s'il me promettait une solution au dessert. Les quatre
« Excellences se regardèrent tout interdites, puis me pro-
« mirent tout. »

L'une après l'autre, les mauvaises volontés furent

forcées dans leurs derniers retranchements; on rendit aux missionnaires leurs propriétés, on redressa les actes d'arbitraire et d'injustice des mandarins, et enfin, comme couronnement de l'œuvre, intervint, le 7 février 1862, un édit abolissant tous les actes antérieurs contraires aux chrétiens et leur appliquant à la lettre et dans son esprit le traité de paix de Tien-tsin.

« A mon avis, écrivait, le 11 mai, Mgr Languillat au « ministre de France, et ce sera l'avis de tous les évêques « de Chine, ce décret est parfait et le triomphe obtenu par « votre politique prudente et ferme sera aux yeux des « Chinois peut-être un fait plus grand que les victoires de « 1860. Le 22 mars 1692 et le 7 avril 1862, voilà deux « dates qui resteront à jamais illustres dans les annales des « missions en Chine. Daignez achever votre œuvre, Mon- « sieur le Ministre, en obtenant du gouvernement que le « décret soit imprimé sur papier jaune portant la figure du « dragon. » — C'était lui donner, aux yeux des Chinois, le caractère inéluctable de la volonté du Fils du Ciel, et aussi le retour à un usage du grand empereur Kang-ki, si favorable au christianisme. Le gouvernement, un peu surpris par l'évocation d'un tel précédent, ne résista pas, et, quelques jours après, la légation de France expédiait, dans les dix-huit provinces de l'Empire, un nombre d'exemplaires de l'édit égal à celui des missions catholiques. Ce document produisit une impression profonde sur les gouverneurs et les mandarins, et, à partir de ce moment, le catholicisme, grâce au nouvel édit de Milan, ainsi que le qualifiaient les missionnaires, put reprendre ses pacifiques conquêtes.

Grande fut la part faite à Trève dans les témoignages de gratitude qui affluèrent à la légation de France.

La famille conserve avec un pieux respect la liasse épaisse des lettres de ces opprimés, pour lesquels le jour de la délivrance et des justes réparations se faisait attendre, même après les foudroyants succès de nos armes.

Mgr Anouilh, évêque d'Abydos, vicaire apostolique, lui écrivait : « Je vous suis extrêmement reconnaissant de ce « nouveau témoignage de votre amour et de votre dévoue- « ment pour les missionnaires et les chrétiens de cet em- « pire ; je leur dis partout ce que la France, et vous en « particulier, faites pour eux ; avec des hommes comme « vous, la liberté religieuse prendrait des racines et se « consoliderait de plus en plus [1]. »

Précédemment, Trève, simple consul à Tien-tsin, avait obtenu du vice-roi de Pe-tché-li, avec qui il s'était lié d'amitié, et à titre de réparation, un vaste établissement pour la mission catholique et les Sœurs de Saint-Vincent de Paul, et le P. Smorehburg l'en remerciait en ces termes : « ...Vous vous êtes placé au rang des « plus insignes bienfaiteurs de la mission de Pé-kin. » De son côté, Mgr Languillat, de la Société de Jésus, vicaire apostolique du Tché-li, lui écrivait, le 16 août 1862 : « Je vous félicite d'avoir su, au milieu des préjugés « qui courent à notre époque, apprécier si sainement notre « institut, son but, ses moyens, ses succès, ses revers « dans le passé, ses espérances et peut-être ses destinées

___

[1] Lettre du 26 mai 1862.

« pour l'avenir. Je vous avouerai, en toute franchise, que
« si la Providence nous ménageait ici, auprès des auto-
« rités chinoises, le concours ferme et éclairé d'hommes
« tels que vous, Monsieur, outre la joie que j'en éprouve-
« rais pour la gloire qui en revient à la France, nous
« concevrions le doux espoir d'atteindre le but, de réali-
« ser le vœu de notre ambition unique, qui est de pro-
« curer la civilisation de ce vaste empire par le catholi-
« cisme. »

Une autre fois, la gratitude de l'évêque missionnaire
prenait un accent bien fait pour aller au cœur de Trève :
« Je n'ai pas voulu différer jusqu'à ce que nous ayons re-
« levé notre église sur le terrain récupéré, pour offrir,
« selon votre désir, le saint sacrifice de la messe pour le
« repos de l'âme de vos bien-aimés père et mère. Aujour-
« d'hui même, j'ai payé cette dette sacrée ; même je vous
« promets que, tous les jours de ma vie, je porterai leur sou-
« venir au saint autel. Le souvenir de leur fils ne m'y quit-
« tera jamais non plus. En quelque point du globe que
« votre carrière vous appelle pour la gloire de la France
« et pour le bien des missions, puissent les prières d'un
« pauvre évêque missionnaire vous être de quelque con-
« solation ! Heureux les pères et mères qui forment des
« fils aux sentiments si nobles, au cœur si généreux [1] ! »

Nous devons nous borner dans ces citations ; mais nous
ne pouvons nous dispenser de reproduire quelques extraits
de lettres d'une date bien postérieure, et qui montrent com-

____

[1] Lettre du 7 avril 1862.

bien avait été appréciée l'action d'un caractère énergique, ayant un sentiment très-net du bien à opérer.

Dans une lettre du 17 octobre 1865, Mgr Anouilh lui disait, après l'avoir entretenu de quelques affaires dont il ne voyait pas la fin : « ...Que voulez-vous? tous les pre-« miers secrétaires des légations ne sont pas des officiers « de marine, et, tel est le caractère chinois, que ma convic-« tion est qu'il nous faut à Pé-kin des ministres et agents mili-« taires. » Dans un sens, qui a aussi sa valeur, Mgr Guierry, évêque de Donaba, coadjuteur du vicaire apostolique, écri-vait de Pé-kin à Trève, le 13 mars 1866 : «...Je désire bien « vivement que le gouvernement français en vienne enfin « à comprendre la belle mission qu'il a à remplir dans « cet extrême Orient. Si vous pouviez concourir à l'en con-« vaincre, il est certain que vous auriez rendu de signalés « services à votre pays et à la religion. La France n'a pas « assez compris jusqu'ici l'élément d'influence qu'elle a « dans les missions, et cela, sans qu'elles sortent de la « sphère qui leur est propre. Une autre cause de l'infé-« riorité de la France dans ces pays-ci, selon moi, c'est « que ses agents ne font qu'y passer et n'ont pas le temps « d'acquérir une connaissance approfondie des mœurs et « de la législation de ces peuples, qui sont si différentes « des nôtres. De là découle nécessairement ce manque « d'esprit de suite qui se remarque continuellement dans « la marche des affaires françaises. »

Trève s'estima toujours heureux d'avoir pu servir une cause où son patriotisme et ses sentiments religieux rece-vaient satisfaction. Dès le début de sa carrière dans le Le-

vant, étant embarqué sur le brick *l'Olivier,* il avait compris,
comme tous les esprits distingués de ce corps d'officiers de
marine qui en compte un si grand nombre, la grandeur
qui s'attachait au protectorat du catholicisme si conforme
au génie élevé et désintéressé du caractère national;
humble et fils de la France, il est resté fidèle à la voca-
tion de sa patrie lorsque, plus tard, il fut appelé à com-
mander le *Kien-chan* au Japon et le cuirassé *l'Atalante*
en Annam et au Tonkin. Les hauts fonctionnaires chinois
convenaient, à cette époque, du désintéressement de la
France, en regard des exigences des Anglais et des pré-
tentions des autres nations. De tous ces peuples avides
d'exploiter la Chine, la France leur était la seule sympathique. Où en sont les choses aujourd'hui? Si l'édit du
7 avril 1862 est encore la charte des chrétiens en Chine,
de quel fragile appui n'est-elle pas pour eux! La persécution plus ou moins ouverte a recommencé; d'ailleurs, quelle
considération les mandarins et les lettrés chinois peuvent-
ils avoir pour des religieux que la France expulse? Comment leur faire comprendre que ce qui est un mal pour
la France est un bien pour la Chine? Cette sympathie,
qui ouvrait à la France les voies à une immense influence,
dont son commerce, ses ingénieurs, ses industriels
eussent profité, elle l'a troquée contre les marécages du
Tonkin et le sang de 27,000 chrétiens annamites égorgés
uniquement parce qu'ils étaient, en leur qualité de chrétiens, les amis de la France. Et encore, cette stérile conquête, qui ruine nos finances, la garderons-nous? La Chine,
lorsqu'elle sera devenue une colossale puissance militaire,

ne jettera-t-elle pas à la mer nos soldats rongés par la malaria du pays, coupés de la mère patrie par les cuirassés ennemis? Dieu veuille qu'il en soit autrement et que sa politique aperçoive que nous pouvons être pour elle, au Tonkin, d'utiles voisins!

Cette phase si exceptionnelle de la carrière d'un jeune lieutenant de vaisseau avait atteint son apogée, lorsque, par suite du départ du ministre de France à Pé-kin, Trève le remplaça pendant trois semaines comme chargé d'affaires de France jusqu'à l'arrivée du successeur de M. de Bourboulon. Le 1er mai, il retournait prendre son poste de consul à Tien-tsin, et, le 1er juillet suivant, il s'embarquait à Shang-haï pour rentrer en France. Des fatigues, des travaux exceptionnels, un climat excessif comme chaleur et froid[1], lui faisaient éprouver un grand besoin de repos. Trève avait trouvé dans M. de Bourboulon, dans l'amiral Protet et le commandant Bourgois, des appréciateurs bienveillants de ses services, et l'amiral avait appuyé près du ministre de la marine la demande de la croix d'officier de la Légion d'honneur adressée en sa faveur par M. de Bourboulon au ministre des affaires étrangères. En outre, avant de quitter Pé-kin et dans une lettre très-honorable pour Trève, M. de Bourboulon avait tenu à lui laisser par écrit un courtois témoignage de sa satisfaction personnelle.

---

[1] Le thermomètre était descendu pendant l'hiver au-dessous de 18° centigrades.

« Pé-kin, le 12 mai 1862.

« MONSIEUR,

« Au moment de quitter cette légation, c'est à la fois un devoir et un besoin pour moi de vous exprimer, d'une manière moins fugitive qu'en paroles, ma reconnaissance de l'utile et zélée coopération que vous avez prêtée pendant plus d'un an au service diplomatique et consulaire, à Sa Majesté Impériale dans ce pays, et à moi-même comme chef de légation. En effet, chargé d'abord pendant huit mois de la gestion de notre consulat provisoire à Tien-tsin, lorsqu'il s'agissait d'y établir et d'y exercer une autorité civile française à côté de la double occupation militaire, vous avez su, par votre activité, votre tact et votre discrétion, y donner à nos intérêts nationaux tout l'appui dont ils avaient besoin, et, en vous conciliant la confiance et le bon vouloir des autorités chinoises, y obtenir même des avantages que nous n'étions pas en droit de demander à la stricte exécution des traités.

« Appelé ensuite à la légation de Pé-kin pour remplacer temporairement son premier secrétaire absent et m'assister dans les difficiles affaires que j'avais à traiter, je me plais à reconnaître que j'ai trouvé en vous le concours le plus dévoué, et que vous m'avez très-efficacement aidé à mener à bonne fin des négociations qui importent au plus haut degré au maintien et au développement de notre influence politique dans ce pays.

« J'espère, Monsieur, que le gouvernement de Sa Majesté Impériale vous tiendra compte de ces bons services, ajoutés

aux mérites que vous avez déjà acquis dans votre carrière
militaire; mais, indépendamment de la récompense qu'ils
pourront vous valoir, vous aurez toujours par devers vous
la satisfaction d'avoir mis votre intelligence et votre dévouement au service des intérêts de votre pays d'une
manière et dans des circonstances qui se rencontrent rarement dans le cours de la vie d'un officier de marine. Pour
moi, en conservant le meilleur souvenir de nos rapports,
je remercierai ma bonne fortune de m'avoir fait rencontrer
un aussi utile et dévoué collaborateur.

« Agréez, etc.

« *Signé :* Bourboulon »

La récompense de cette longue et laborieuse campagne
attendait Trève à Paris, où, par décret du 14 février 1863,
et sur la proposition de M. Drouin de Lhuys, ministre des
affaires étrangères, il fut promu au grade d'officier de la
Légion d'honneur. Déjà le Saint-Père, informé des services
qu'il avait rendus en Chine aux missions, l'avait honoré de
la croix de Saint-Grégoire le Grand. En lui notifiant cette
grâce de Pie IX, Mgr Anouilh ajoutait : « J'ai signalé en
« détail au Saint-Père tout ce que les missions doivent à
« votre énergie militaire et à votre persévérance. Vous lirez
« dans la lettre du Pape combien son cœur en a été consolé,
« et comment Pie IX espère que notre légation de France
« maintiendra l'observation des traités et des décrets. » À
notre tour, ajoutons que Léon XIII, malgré tout ce qui
pouvait le détacher de la France, est resté près de la cour
de Pé-kin son meilleur ami, travaillant à lui conserver le

protectorat des catholiques que des puissances jalouses de
cette noble prérogative, de cette dernière grandeur, s'effor-
cent de miner au profit de leur influence.

Quand il ne naviguait pas, Trève n'aimait que Paris.
C'était pour lui le sixième port de France. Il était redevenu
un des assidus de la Sorbonne, où il contracta de précieuses
amitiés. Il y trouva, pour l'étude des phénomènes des
agents physiques et de l'électricité, des facilités exception-
nelles. L'étude l'absorbait de plus en plus. « Le travail,
« le travail, écrivait-il, il n'y a que cela de vrai. » Si
bien que l'on ne pouvait tourner sa pensée du côté du mariage. Au reste, à ce moment, de quel œil une mondaine
eût-elle vu sa passion pour la physique? Elle n'était pas
cependant tellement exclusive qu'elle l'empêchât d'aller
aux autres sources de jouissances intellectuelles qui abondent dans la capitale. Mais il a vécu sans connaître les
productions basses et délétères qui dès ce temps excitaient
les appétits blasés; les œuvres sérieuses et de haute portée
seules obtenaient son attention. Son âme restée fraîche
était apte à recevoir les meilleures et les plus nobles impres-
sions. « Je viens d'assister à l'oraison funèbre du cardinal
« Morlot, prononcée par l'abbé Freppel à Notre-Dame. Que
« n'y étais-tu! quelle imposante cérémonie, quel langage!
« C'est du Bossuet! Un moment j'ai vécu dans le grand
« siècle. »

Après un séjour d'un an à Paris, il repartit pour la
Chine, où il devait faire une campagne d'une durée de quatre

<hr>

1 Lettre du 17 novembre 1862.

années (du 19 octobre 1863 au 4 novembre 1867), au
cours de laquelle il fut nommé au commandement des navires *le Kien-chan, le Mirage* et des forts de la rive gauche
du Péhi-ho jusqu'à leur évacuation. Les débuts en furent
assez monotones; cependant, il eut l'agréable mission de
conduire l'amiral Jaurès et un nombreux état-major, qui
l'accompagnait en touriste, jusqu'à Tien-tsin, d'où le commandant en chef de la station navale française devait gagner
Pé-kin. La navigation du Péhi-ho est fort difficile. Le *Kien-
chan*, devenu un moment yacht de l'amiral, s'en tira fort
bien. « Cinq minutes après avoir mouillé en face de mon
« ancien consulat, écrivait Trève à son frère, l'amiral m'a
« fait appeler sur la dunette, et, en présence de tous, m'a
« complimenté : « Vous avez admirablement manœuvré,
« mon cher Trève : sang-froid, hardiesse, précision du coup
« d'œil, j'ai tout constaté avec grand plaisir. Je vous en
« félicite. » Tous les officiers sont venus me serrer la main
« avec ces mots : « Superbe, très-chic. » Peu après, il recevait la mission de conduire à Tien-tsin l'ambassade espa-
gnole, qui, à son tour, allait à Pé-kin pour y conclure un
traité, et plus tard le gouvernement espagnol reconnaissait
courtoisement le service rendu, par la croix de Charles III
d'Espagne.

C'est à cette époque que la France, l'Angleterre et la
Hollande, réunies dans une commune action, brisèrent à
coups de canon à Simmosaki les barrières que le Japon,
alors aux mains d'un gouvernement obstiné à rester dans
l'isolement, prétendait élever au commerce étranger et
aux idées européennes. Une fausse direction donnée à

l'ordre de rallier le pavillon de l'amiral empêcha le *Kien-chan*, au grand chagrin de son état-major, d'arriver à temps pour prendre part à la canonnade. Les jours succédaient aux jours sans incidents notables; la vie était sans aucun charme sur les rives désertes du Péhi-ho; Trève fut pris d'un violent désir de revenir en France, — il était loin du retour. — Il songeait, non sans tristesse, que les années commençaient à compter pour lui (il avait trente-cinq ans), qu'il n'avait pas su se créer un intérieur et qu'il était dorénavant bien tard pour le faire avec toutes les conditions du bonheur. « Tout ce que je fais et ferai main- « tenant n'est qu'une diversion aux idées qui m'assiégent... « Le vide est autour de moi; il est profond, il est affreux [1]. » Mais ce n'était qu'une défaillance d'un instant; quel marin n'en a pas éprouvé au cours d'une longue et lointaine campagne? Les devoirs de sa profession, le travail retrempaient son énergie. Celle-ci allait d'ailleurs être mise à l'épreuve. Le *Kien-chan*, ayant reçu l'ordre de se rendre de Nagasaki à Yokohama, ne put arriver à destination, et Trève, dans une lettre en date du 24 novembre 1865, raconte l'incident. « Le 1ᵉʳ novembre, jour de ma nais- « sance, je partais pour Yokohama par cette ravissante « mer intérieure du Japon; le 6, je débarquais dans la « haute mer, et, le 9, je rentrais dans la mer intérieure. Ma « pauvre vieille machine à roues n'a pu lutter contre la « mousson du nord-est; grosse mer et grosse brise ont « réduit ma vitesse à un nœud et demi. Calcule, d'après

---

[1] Lettre du 1ᵉʳ février 1865.

« la distance, ce qu'il m'eût fallu de charbon. J'ai donc
« viré de bord, et, trois heures après, je démâtais de ma
« cheminée. Tout cassait : chaines, palans; points fixes
« cédaient. Pauvre vieux bateau! Réparé ici, craquant là.
« J'ai failli perdre ma cheminée. J'étais heureusement sur
« le pont et quelques hommes hardis ont pu l'élinguer à
« temps. Le roulis et le tangage étaient énormes; ma
« vergue de misaine y a passé. J'ai raccommodé le tout,
« démonté mes pales, mis à la voile, atteignant la vitesse
« superbe de deux nœuds. Chemin faisant, j'ai, grâce à
« Dieu, réussi à remonter ma cheminée, qui pèse deux
« tonneaux, et la mer étant un peu tombée, j'ai fini par
« regagner la mer intérieure, puis Nagasaki, d'où j'ai écrit
« à l'amiral que s'il veut voir le *Kien-chan* à Yokohama, il
« doit l'envoyer chercher par le *Dupleix* au débouché de
« la mer intérieure. » Le *Kien-chan* était incapable de
remonter les moussons. Sa remise en état avec les seules
ressources du bord et celles que l'on pouvait trouver à
Nagasaki fut un rude travail, qui mérita à son capitaine
une lettre de félicitations du ministre et des avancements
exceptionnels pour son brave équipage.

Pendant le séjour du *Kien-chan* à Nagasaki, l'occasion se
présenta, et son capitaine la saisit, de mettre en relief la
politique de la France dans l'extrême Orient au point de
vue religieux. Un traité passé le 9 octobre 1848, entre la
France et le Japon, avait stipulé, pour les missionnaires
catholiques et les sujets français au Japon, le libre exercice
extérieur de leur culte et la faculté d'élever des églises et
de se réserver des cimetières particuliers ; à ce mo-

ment [1], s'achevait à Nagasaki une très-remarquable église, œuvre d'énergie et de persévérance d'un prêtre français, M. l'abbé Gérard, et elle dressait ses flèches aériennes en face du mont Comprian, où, deux cent soixante-huit ans auparavant, avaient été crucifiés vingt-six chrétiens. C'était l'acte premier de la persécution sanglante qui devait, pour un temps, presque anéantir au Japon les fruits de l'apostolat de saint François Xavier. L'inauguration du culte dans la nouvelle église avait été fixée au 19 février : c'était un événement d'une grande portée dans un pays dont, si peu de temps auparavant, il avait fallu briser les portes à coups de canon. Le capitaine Trève pensa que, pour donner à cette inauguration tout l'éclat et le retentissement qu'elle méritait, il convenait d'y associer les marines étrangères, russe, hollandaise, anglaise, représentées par des bâtiments de guerre sur rade. Très-courtoisement, le chef de la division navale russe, contre-amiral Popoff, mit sa musique à la disposition du capitaine du *Kien-chan,* et une escorte d'honneur de cent vingt hommes en armes, composée de détachements fournis par les navires étrangers et placée sous le commandement de l'officier en second du *Kien-chan,* conduisit à l'église le corps consulaire, en tête duquel marchaient le consul de France et le capitaine Trève, suivis de tous les notables des nationalités représentées à Nagasaki. Une salve de vingt et un coups de canon, tirée à terre par des pièces débarquées du *Kien-chan,* avec l'assentiment des autorités japonaises, porta au loin l'annonce de l'évé-

[1] Février 1865.

nement qui s'accomplissait à l'ombre des drapeaux réunis des nations européennes, sous la présidence de la France. Ce jour-là, à six mille lieues de l'Europe, le Français, le Russe, l'Allemand, l'Espagnol, l'Italien, que des fortunes diverses avaient réunis sous les voûtes d'un temple catholique, sentirent passer dans leur âme un souffle de la solidarité et de la fraternité chrétiennes. Séparés sur leurs vaisseaux aux couleurs rivales, l'union s'était faite au pied de la croix, symbole de paix et de rédemption. Ce jour-là aussi, les crucifiés du mont Comprian étaient réhabilités aux yeux d'une population chez laquelle n'avait pas péri le souvenir de la cruelle immolation, et le Japon faisait un nouveau pas dans la voie de tolérance et de libéralisme qui aujourd'hui préparent à cet empire de si hautes destinées. Une entente si élevée de la situation de la France dans l'extrême Orient ne passa pas inaperçue ; le gouvernement fit insérer à l'*Officiel* le rapport du capitaine du *Kien-chan*.

De Nagasaki, le *Kien-chan* fut renvoyé à Takou, où son capitaine prit le titre de commandant supérieur de la rive gauche du Péhi-ho. Trève ne devait pas y rester inactif ; il se livra à l'étude des moyens de développer le commerce français dans le nord de la Chine, et un travail sur ce sujet, qu'il fit parvenir à M. Béhic, alors ministre de l'agriculture et du commerce, lui valut les plus flatteuses félicitations. Un séjour prolongé dans les marécages de Pakou finit par avoir sur sa santé une influence inquiétante ; un accès pernicieux mit ses jours en danger. A peine convalescent, il reçut l'ordre de se porter à Han-kan, à trois cents milles

dans le Yang-tze-kiang, menacé par les rebelles. Redoutant
de ne pas arriver à temps, il se faisait porter sur la pas-
serelle, d'où, assis et les jambes dans une demi-barrique
d'eau, tant elles avaient été brûlées par la médication énergique dont il avait été fait emploi, il dirigeait la route.
Un second accès, mais moins violent, lui survint à Han-kau.
Bien que très-affaibli, il mit cette navigation dans l'immense
fleuve à profit pour rectifier nombre d'incorrections des
cartes anglaises, et ce travail lui mérita un témoignage de
satisfaction du ministre de la marine.

Cependant, on donna l'ordre d'évacuer les forts de Takou,
occupés depuis 1860 par un détachement de soldats français; à l'attaque de ces forts, le 21 avril 1860, nombre de
soldats avaient été tués; d'autres, depuis lors, avaient suc-
combé à l'insalubrité des lieux. Trève conçut la pieuse et
patriotique idée de réunir leurs restes sous un monument
commémoratif digne de la France, et d'appeler la religion
à le bénir. Voici en quels termes le Père Leburcq, de la
Compagnie de Jésus, si justement célèbre dans les missions
de Chine, rendit compte de cette cérémonie touchante
dans une lettre adressée aux directeurs de l'œuvre de la
Propagation de la foi :

« Le commandant français des forts et de la marine
« dans le Péhi-ho, dont le nom est si connu en France et
« en Chine à cause des services éminents qu'il a rendus à
« nos missions, a cru qu'il lui restait un devoir à remplir à
« l'égard des enfants de la France morts depuis quatre ans
« sur les bords du Péhi-ho. Nos soldats, en quittant Ta-kou,
« allaient abandonner quarante de leurs frères loin de la

« patrie sur un sol marécageux souvent envahi par les
« grandes marées. M. Trève, aidé de trois officiers dignes
« de la France, MM. Gardier, Mével et Rat, a fait réunir
« leurs restes dans une même tombe située sur un terrain
« à l'abri des caprices du Péhi-ho. Un monument dû au
« bon goût de M. Gardier, médecin des forts, et qui dira
« à la postérité les noms des soldats de terre et de mer
« dont il recouvre les dépouilles, a été élevé sur cette
« tombe.

« A la prière de M. le commandant Trève, Mgr Mouly
« est venu, avec un de ses missionnaires, bénir cette tombe
« et célébrer un service solennel pour le repos des âmes
« de leurs frères d'armes. J'ai eu moi-même la consolation
« de venir payer le tribut de ma reconnaissance aux braves
« qui sont morts pour nous assurer la paix et saluer ceux
« qui vont nous quitter pour revoir leur patrie bien-
« aimée.

« Je n'essayerai pas, Messieurs, de vous dire tout ce que
« cette cérémonie avait d'émouvant, les larmes qu'elle a
« fait verser et le spectacle qu'offrait l'assistance : deux
« grands mandarins chinois avec leur escorte d'honneur,
« le consul anglais de Tien-tsin, deux officiers anglais avec
« vingt-cinq ou trente soldats, le commandant français,
« M. Trève, avec trois officiers et quatre-vingt-dix soldats
« et matelots, enfin le vénérable évêque de Pé-kin et deux
« missionnaires venus du fond de la province, telle était
« l'assemblée qui se trouvait autour de la tombe de nos
« compatriotes, à quatre mille lieues de la France et au
« milieu d'un désert où l'on n'aperçoit pas le moindre

« signe de végétation. Tout le monde était sous le coup
« d'une émotion profonde ; mais lorsque Mgr Mouly fit à la
« tombe qu'il venait de bénir ses adieux et ceux des offi-
« ciers et soldats français qui allaient quitter Takou,
« lorsque surtout Sa Grandeur s'adressa aux mandarins
« chinois pour leur recommander de garder soigneuse-
« ment et de faire respecter ce monument funèbre si cher
« à la France, l'émotion fut à son comble. »

Un soin si constant de tout ce qui pouvait grandir
la France à l'étranger et la servir avait trouvé dans
l'amiral Jaurès, commandant en chef des forces navales
françaises dans les mers de Chine et du Japon, un juste
appréciateur ; et, dès 1864, dans ses notes annuelles, il
signalait Trève comme un « officier hors ligne qu'il fallait
« faire avancer au plus tôt », et il proposait son inscription
au tableau d'avancement pour le grade de capitaine de
frégate.

Le *Kien-chan* ayant été affecté au service de la légation de
France au Japon, Trève reçut en échange, le 12 mars 1865,
le commandement du *Mirage,* et, après l'évacuation totale
des forts de Takou, il fut chargé du service maritime
à Tche-fou. L'esprit ouvert à toute idée utile, il adressait
en mars 1866 à l'amiral Roze, successeur du contre-amiral Jaurès, un mémoire sur la création à Shang-haï d'un
comptoir des soies pour l'importation directe en France
de cette marchandise que le commerce de Lyon allait ache-
ter sur le marché de Londres. Ces travaux tout de circonstance ne le détournaient pas de sa passion pour la
vulgarisation des applications scientifiques, et il mit à profit

ses bonnes relations avec le Taotaï, ou gouverneur de Tche-fou, pour le décider à installer à terre, et pour le service des bâtiments, un signal horaire au moyen d'un coup de canon, amélioration dont lui sut gré la colonie étrangère.

Lors de son séjour à Pé-kin, Trève avait éprouvé que notre influence avait trop souvent pour rivale celle des Anglais, et que nombre de difficultés avaient pris leur source dans cette rivalité. Dans une lettre du 16 mars 1866, écrite à l'occasion de l'envoi en Europe d'une mission chinoise, on retrouve de fortes traces d'un vieux levain de marin breton, à l'endroit de nos amis d'outre-Manche. En voici l'histoire : « Le chef de cette mission est un bou-« ton de troisième ordre, peu intelligent, un commis du « ministère des affaires étrangères ; il est accompagné « de cinq gamins. Voilà ce qu'on envoie pour se rendre « compte de notre civilisation : pas un homme mar-« quant. On ne sait qu'en penser ici. Les mauvaises « langues disent que c'est un coup monté par les Anglais, « une manière de retarder l'envoi d'une mission diploma-« tique sérieuse et d'empêcher qu'elle ne soit à Paris au « moment de l'Exposition universelle, *dans la crainte que* « *Paris ne lui apparaisse comme la capitale du monde.* »

Le travail absorbait les loisirs que laissait à Trève son commandement, et, bien que privé des ressources d'un laboratoire, il envoyait à divers savants des études sur l'électricité. L'un de ceux-ci écrivait à un éminent constructeur mécanicien de Paris : « Quant à la possibilité d'obtenir « des pressions élevées, ce sont des expériences du plus

« haut intérêt. J'admets que l'on pourra, sous la forme
« nouvelle électrique trouvée par M. Trève, obtenir des
« pressions énormes, et, partant, entrer dans la voie de
« la découverte de phénomènes entièrement nouveaux. »
(Lettre du 28 mai 1866.) C'était le début de Trève dans
la carrière d'observations et de curieuses expériences qu'il
devait suivre avec une ardeur sans égale à son retour en
France.

Le commandement du *Kien-chan*, son ancien navire,
étant redevenu vacant, Trève y fut nommé, et à dater de
cette époque il continua au Japon, dans des conditions
très-agréables, cette longue campagne. C'est dans cette
phase de sa carrière qu'il montra ce qu'il y avait de
générosité et d'indépendance dans son caractère. Un prince
d'Orléans, M. le duc de Penthièvre, accompagné de M. le
marquis de Beauvoir, visitait en ce moment le Japon.
C'était le fils du prince de Joinville, le glorieux amiral
exilé; Trève avait fait ses études au collége de Brest,
établissement placé sous le patronage du prince de Joinville[1]. Il se mit à la disposition du noble voyageur, eut
l'honneur de le recevoir à son bord, et lui procura ainsi
la grande satisfaction de se retrouver au milieu d'un
état-major français et de se sentir abrité par le pavillon aux
trois couleurs. Tous n'approuvaient pas le capitaine du *Kien-
chan*. — « Il s'emballe », disaient les uns. — « Il se perd »,
disaient les clairvoyants. Le prince partit heureux d'avoir
un moment retrouvé la patrie, et le pouvoir du temps ne

---

[1] Le collége Joinville est devenu lycée de Brest.

songea pas à demander compte, au capitaine de l'un de
ses bâtiments, de l'hospitalité donnée à un fils de France.

Jusqu'ici, les circonstances avaient éloigné Trève des
brillantes affaires de guerre qui signalèrent les expéditions
de Chine et de Cochinchine; avant de quitter l'extrême
Orient, il eut la satisfaction de prendre part à l'expédition
contre la Corée, où le sang de nos missionnaires venait de
couler. L'entreprise n'était pas sans danger, à cause des
difficultés de la navigation sur une mer peu pratiquée et où
des marées de neuf à dix mètres occasionnaient un énorme
dénivellement d'eau sur des côtes hérissées d'écueils. Quant
à l'ennemi, il n'opposa pas une résistance sérieuse. Nous
extrayons d'une lettre de Trève, adressée le 25 octobre 1866
à son frère, alors chef de bataillon d'infanterie de marine,
le récit animé de ce hardi coup de main. « Mon cher
« Adolphe, bonne nouvelle! l'une des quatre places fortes
« de la Corée, Kang-hoa, est entre nos mains avec des
« approvisionnements énormes de matériel de guerre, plus
« une belle quantité de numéraire trouvée dans les caisses
« publiques. Il n'y a que l'amiral Roze pour avoir ces
« bonheurs-là. En moins d'un mois, ami, ralliement de
« toutes nos forces à Tche-fou, — reconnaissance de la
« rivière de Séoul; — toute une division française au cœur
« de la Corée, après avoir, sans accident aucun, passé à
« travers bancs et roches inconnus. C'est inouï de chance.
« Cinq cents hommes occupent la ville de Kang-hoa; —
« la flottille bloque l'île, — le commerce est arrêté, — les
« jonques ramassées. Depuis quatre jours, je suis sans
« cesse en mouvement. L'amiral m'a donné le comman-

« dement des compagnies de débarquement de la flottille, et
« j'ai fait une reconnaissance sur la route de la capitale,
« qui est à douze lieues de nous. Le roi de Corée a écrit à
« l'amiral une de ces lettres que les Chinois pouvaient
« écrire en 1840 ; la réponse est digne d'un amiral fran-
« çais. Mais avant de marcher sur Séoul, il faut attendre
« les ordres du gouvernement ; jusque-là, nous nous en
« tiendrons à cette rude leçon donnée au roi de Corée, qui
« a cru pouvoir impunément verser le sang de nos mis-
« sionnaires et nous braver. »

Cette expédition valut au capitaine du *Kien-chan* une
troisième proposition pour le grade de capitaine de frégate.
La campagne se prolongea encore une année pour lui,
après quoi, il revint jouir à Paris d'un repos bien mérité.
Mais nous l'avons déjà noté, Trève ne se reposait des
fatigues de la navigation qu'en se livrant tout entier à ses
études favorites ; il les reprit, et, de 1868 a 1870, il en expo-
sait les résultats dans des notes présentées à l'Académie des
sciences par MM. Faye, Jamin et Dumas [1], membre de
l'Institut. Il ressortait des expériences du commandant
Trève que les matières gazeuses polarisées par le courant

---

[1] Note présentée par M. Faye sur la magnétisation de la fonte de fer à
l'état pâteux chez MM. Donzel, fondeurs, dans un moule en sable entouré
d'une puissante bobine actionnée par 12 bunsens. Dix ans plus tard (1879),
M. le Dʳ Siemens confirmait ce fait en faisant connaître que M. l'ingénieur
russe Chérecoff avait réussi la même expérience.

Notes sur l'action du magnétisme sur les gaz, présentées par M. Jamin.

Note sur la magnétisation des fontes d'acier, présentée par M. Dumas.
Cette expérience permit de constater que le grain d'un cylindre d'acier
soumis au magnétisme pendant tout le temps de son refroidissement est
d'un grain plus fin et plus serré que celui de l'acier ordinaire, mais qu'il
résiste moins bien que ce dernier à l'écrasement et à la traction.

d'induction qui les traverse sont énergiquement troublées par l'action du magnétisme. Il se produit une distribution différente des molécules, un état vibratoire nécessairement nouveau qui se traduit par le changement de coloration.

Le 31 décembre 1868, Trève avait été inscrit au tableau d'avancement; cinq mois après, le 21 mai 1869, il était promu au choix au grade de capitaine de frégate, à l'âge de trente-neuf ans et demi et comptant vingt-quatre années de services effectifs, dont dix-sept à la mer. Cette promotion si voisine de l'inscription au tableau avait été déterminée par le succès complet d'une mission secrètement remplie à Cherbourg par ordre du ministre, et qui avait pour objet de vérifier la possibilité de diriger, à la distance de un à deux milles, un navire au moyen d'un fil électrique. Cette curieuse application de l'électricité s'était faite sous les yeux d'un officier général, délégué à cet effet par le ministre, et qui en rendit le compte le plus favorable.

A dater de ce jour, la réputation d'électricien était acquise au commandant Trève au sein du département, et elle lui valut diverses missions comportant une compétence bien établie. Il fut attaché au ministère en qualité de membre de la Commission des défenses sous-marines, et s'y fit apprécier. Ses travaux de cette époque, et notamment une note du 3 juillet 1869, montrent à quel point sa clairvoyance lui avait fait apercevoir le rôle considérable, pour la défense mobile des ports, qu'étaient appelés à prendre les bateaux torpilleurs, dont à ce moment le vice-

amiral de Chabannes et M. l'ingénieur Brun créaient les
premiers types. Dès ce moment aussi, il dénonçait la faute
du choix de Boyardville comme école des torpilles.

Trève espérait mettre à profit, pour se créer un intérieur, le repos relatif que lui donnait sa nouvelle situation
à Paris, lorsqu'il en fut détourné par les devoirs qu'allait
faire naître la guerre avec l'Allemagne. Le conflit allait
éclater ; le ministre de la marine l'envoya en toute hâte à
Cherbourg, afin d'établir, dans les passes de la rade, des
lignes de torpilles. Cette mission accomplie, il revint auprès du ministre.

On sait la foudroyante rapidité avec laquelle l'ennemi
arriva sous les murs de la capitale, et le rôle que la marine
sut se faire dans la défense de Paris assiégé. Le commandant Trève fut d'abord chargé, sous la direction supérieure
de M. Dupuy de Lôme, inspecteur général du génie maritime et membre du comité scientifique de la défense, de
miner les approches de la partie sud : ses mines furent re-
liées électriquement au fort de Vanves, où il avait ses appareils d'explosion, et le 20 septembre, à trois heures de
l'après-midi, celles qui avaient été établies sur le plateau
de Châtillon, à 1,800 mètres de distance, montrèrent leur
efficacité en détonant sous les pieds des soldats bavarois ;
ce fait inattendu rendit l'ennemi plus circonspect dans ses
mouvements d'investissement.

Le 19 novembre, les membres du comité scientifique
de défense proposaient au général Trochu, gouverneur de
Paris, de charger le commandant Trève de la surveillance
des appareils électriques disposés sur tout le périmètre

des défenses de Paris : « En résumé, disait le comité, il
« nous paraît, au point de vue scientifique, le seul de notre
« compétence, que M. Trève, connu par ses travaux que
« l'Académie a déjà appréciés plus d'une fois, est l'homme
« désigné pour surveiller les appareils électriques qui en-
« tourent actuellement Paris [1]. » Mais déjà le contre-amiral Saisset, commandant du 8ᵉ secteur, avait demandé pour
le capitaine de frégate Trève le commandement du fort de
Noisy ; il y fut nommé et garda cette situation jusqu'à la
capitulation de Paris. Huit cent trente hommes, marins,
gardes nationaux, artilleurs, isolés, en formaient la garni-
son ; la correspondance du commandant Trève, parvenue
par ballons montés, fait voir l'ardeur dont chacun était
animé et l'étonnement de ces braves devant l'inaction du
commandant supérieur. On ne pouvait comprendre qu'il
fût impossible de faire une trouée dans les lignes d'investissement de l'ennemi ; les joutes d'artillerie, qui s'établis-
saient entre les forts et les batteries des assiégeants, ne
suffisaient pas à leur ardeur. « Ces crevés de Parisiens
« sont devenus des soldats ; le tort est de ne savoir pas s'en
« servir. Sortir, se battre, encombrer l'ennemi de blessés
« et rentrer, puis sans cesse recommencer sur tous les
« points, voilà la tactique ; nous ne comprenons pas le plan
« qui consiste à se laisser enserrer de plus en plus et à se
« retirer à l'abri de nos forts... Paris est en train de tout
« perdre!... »

Il faut voir l'indignation du commandant Trève, lorsque

[1] Lettre collective du 19 novembre 1870, signée par MM. Delaunay,
Bréguet, Jamin, Fremy, d'Almeida et Berthelot.

le bombardement de Paris vint mettre en péril les femmes
et les enfants : et

> C'est au nom d'un Dieu de clémence, de bonté,
> Que ce Roi fut perfide, injuste et sans pitié !

Mais promptement se ravisant : « Ils manquent leur
« but, cher frère ; ces Parisiens rient, plaisantent sous
« leurs obus, les gamins s'en disputent les éclats. Quelle
« race ! Mets un peu de foi, de religion dans ce peuple, et
« rien ne lui est comparable. Quant à nos forts, les Alle-
« mands y perdront leurs dents. Tu ne saurais croire les
« bordées que nous leurs envoyons. Nous sommes encore
« pleins d'espoir, car nous croyons que la France fait des
« efforts gigantesques [1]. »

Le fort de Noisy eut les premiers honneurs du bombardement ; les projectiles ennemis trouèrent son drapeau :
l'état-major en fit présent, le jour de sa fête, à l'amiral Saisset, dont le fils, à quelques jours de là, devait être tué au
fort de Montrouge, par un boulet ennemi.

Ces forts, si bravement défendus, il fallait les rendre
aux Allemands avec leur artillerie, leurs munitions, leurs
armes de toutes espèces ; les officiers s'en indignaient, et
parmi eux circulait une proposition d'anéantir, quels que
fussent les ordres, toutes les armes portatives, afin que
l'ennemi ne pût s'en servir contre leurs frères qui combat-
taient encore hors Paris [2]. Un sentiment plus fort d'obéissance domina cette exaltation.

Ce fut le 28 janvier 1871 que le commandant Trève,

[1] Lettre du 15 janvier 1871.
[2] Le promoteur de l'idée fut l'infortuné lieutenant de vaisseau Garnier.

la mort dans l'âme, évacua avec sa troupe le fort de Noisy;
il avait, durant ce mémorable siége, fait son devoir, et le
vice-amiral Saisset, bon juge en bravoure et en mérite
militaire, le proposa pour le grade de capitaine de vaisseau, bien qu'il ne comptât pas encore deux années de
grade de capitaine de frégate. Les événements allaient
justifier la perspicacité du brave amiral.

Voici en quels termes l'amiral formulait sa proposition :
« Je demande avec les plus vives instances le grade de
« capitaine de vaisseau pour le capitaine de frégate Trève,
« dont nous constatons l'intrépidité en toutes circon-
« stances. Il commande le fort de Noisy et a pris une part
« active aux affaires de Bondy et du plateau d'Avron. »
Cette proposition fut appuyée dans les meilleurs termes
par le général Ducrot.

Nous sommes parvenus à cette époque de lamentable
mémoire où il ne suffisait pas à la France d'avoir subi une
défaite jusque-là sans précédent dans son histoire; une
guerre civile, une guerre impie allait ensanglanter sa
capitale sous les yeux étonnés et à la joie de son orgueil-
leux vainqueur. Cette population de Paris, qui avait sup-
porté avec tant d'héroïsme les calamités d'un long siége,
ces généreux ouvriers, capables de tous les dévouements,
endoctrinés et séduits par des pervers et des fous, avaient
levé le drapeau rouge contre le drapeau national, humilié,
il est vrai, mais que le sang de nos plus braves soldats avait
lavé de ses taches. Nous n'avons pas à refaire, après tant
d'autres, le récit de ces tristes jours, mais peut-être leurs
enseignements sont-ils trop oubliés aujourd'hui.

Disons-le cependant, les éléments de résistance ne manquaient pas à Paris, le 18 mars : des quartiers nombreux étaient exempts de tout esprit d'insurrection. Une députation de la garde nationale du 6e arrondissement était venue prier le commandant Trève de se mettre à sa tête en qualité de colonel. Vaines tentatives : le pouvoir, en fuite sur Versailles, abandonnait Paris à l'insurrection, et si le mont Valérien dut de ne pas tomber entre les mains de la commune, ce fut grâce à un soldat de tête et d'énergie, le colonel Lockner, qui en avait le commandement.

La marine, que son jugement sûr, son patriotisme éclairé et son exacte discipline ont toujours maintenue, dans les temps de crise, sur le chemin de l'honneur, recommença le combat pour rendre à la France sa capitale. Elle avait en ce moment à sa tête un homme qui était la vaillance même, l'amiral Pothuau. Pendant cette période néfaste, le commandant Trève ne fut point investi de commandement; toutefois, il fut mis momentanément à la disposition du commandant du deuxième corps, qui, le 11 avril, le chargea de se rendre à la redoute de Clamart pour vérifier si les mines établies pendant le premier siége étaient encore en état de fonctionner. Comme beaucoup d'autres, le commandant Trève ne comprenait pas que l'on fît à la Commune les honneurs d'un siége en règle. Pour lui, la seule tactique à employer était de tromper ses bandes armées par de fausses attaques et d'en diriger d'irrésistibles sur des points bien choisis. Il soumit au commandement en chef un projet de forcer l'entrée de Paris par la Seine, avec des embarcations réunies à Sèvres et montées par des matelots. Il se faisait fort de prendre à revers, pendant la nuit, les défenseurs des portes d'Auteuil, que ces intrépides marins, familiarisés avec les dangers, eussent hachés sur place. « Ce que j'ai dépensé de verve, de convic- « tion pour la faire entrer dans l'esprit de ceux qui dirigent « tout, est inimaginable. Un jour, c'est oui ; le lendemain, « c'est : attendons. Restez là, nous comptons sur vous, etc. » (Lettre du 9 mai 1871.) Et pendant que des plans s'élaboraient dans les cabinets, la Commune, arrivée à l'apogée de la démence, faisait tomber sur un lit de fumier la colonne Vendôme. Saisi de colère, le commandant Trève adressa par la poste [1], aux auteurs de cet attentat, cette apostrophe indignée :

« *A Messieurs de la commune de Paris.*

« Ne pouvant rien élever, vous abattez. C'est plus facile.

« La colonne Vendôme est à terre ; vous vous devez d'en « envoyer les débris au roi de Prusse. Votre œuvre sera « complète.

« Puisqu'il se trouve des foules pour assister aux der- « niers moments d'un condamné, il n'est pas surprenant « que des milliers de spectateurs aient voulu contempler « votre criminel ouvrage.

« Sur cette place sacrée par la victoire, — chose que vous « ne connaissez pas, — la France élèvera un monument

---

[1] De la gare du Nord.

« expiatoire qui rappellera vos hontes et les gloires de nos
« pères dont vous avez osé profaner la mémoire.

« À ce mot, chapeau bas, pygmées que vous êtes!

« *Signé :* TRÈVE, capitaine de frégate. »

Mais il allait être donné au commandant Trève de frapper plus au cœur ces odieux déboulonneurs de la colonne
de la grande armée ; le jour approchait où allait prendre
fin ce drame qui tenait en suspens la France anxieuse et
irritée, et qui, pour l'étranger, était un sujet d'étonnement
et de pitié. Le 21 mai, vers cinq heures du soir, Versailles
apprenait avec une joie indicible que l'armée pénétrait
dans Paris. À cette nouvelle inattendue, M. Thiers pâlit
et tomba dans les bras de ceux qui l'entouraient. Le lendemain, 22, le chef de l'État montait triomphant à la
tribune. « Nous ne pensions pas, dit-il [1], donner l'assaut
« avant trois ou quatre jours; cette cruelle nécessité nous a
« été épargnée. Hier, dans l'après-midi, le brave général
« Douay s'est aperçu que notre artillerie avait fait plus de
« ravage qu'il ne le supposait et que la brèche de la porte
« de Saint-Cloud était abordable. Des officiers du génie
« avec des compagnies se sont précipités, l'armée a
« suivi. »

La vérité a des droits imprescriptibles ; historiographe
bien informé, nous la dirons. Le vrai donc, c'est qu'il n'y
avait pas de brèche à la porte de Saint-Cloud, et que l'entrée
inopinée de l'armée dans Paris était due à un acte de dé-

[1] *Officiel* du 22 mai.

vouement antique [1] et d'intelligente initiative d'un officier de marine, le capitaine de frégate Trève. En voici le récit dans toute sa simplicité [2] :

Le commandant Trève ne quittait plus en quelque sorte, depuis le 19 mai, les approches de la place, qui s'étendent du Point du Jour à la Seine; des étages élevés des maisons les plus avancées des glacis, il observait l'intérieur de l'enceinte et suivait le tir de nos soldats sur ceux qui s'aventuraient dans la large avenue qui donne accès au viaduc d'Auteuil. Le 21 mai, après avoir assisté au tir de la batterie de brèche établie à 1,100 mètres des remparts, il reprit son poste d'observation en face de la porte de Saint-Cloud. Vers trois heures et demie, très-étonné du silence persistant des bastions, il sortit de la tranchée, après avoir donné le mot aux sous-officiers qui y étaient de service, et poussa jusqu'au bord même du fossé une reconnaissance qui lui permit de constater que, si le pont-levis avait été brisé par les obus, ce qu'il en restait permettait à un homme agile de franchir le fossé et de pénétrer dans la place. Pendant cette reconnaissance, pas un coup de fusil ne partit des remparts. Le commandant avait à peine regagné la tranchée, que l'on put apercevoir sur le bastion 64 un homme agitant un mouchoir blanc toutes les fois qu'un

---

[1] Le mot est de l'amiral Paris, en pleine Académie des sciences (séance du 17 mars 1886).

[2] Ce récit est tiré des déclarations des auteurs et témoins de cet épisode de la délivrance de Paris, et plus spécialement des rapports officiels du commandant Trève, de Ducatel, des lettres du lieutenant de vaisseau Garnier, des déclarations des sous-officiers de service dans la tranchée, et notamment de celle du sergent Constant.

ralentissement dans le feu de l'attaque lui permettait de se dresser. Que signifiait ce signal? Pouvait-on s'y fier? Ou bien n'était-ce qu'un piége grossier pour attirer, soit dans les mains des insurgés, soit sous leurs balles, ceux qui s'y laisseraient prendre? Le commandant Trève regarde autour de lui : pas un officier n'était à ce moment présent dans la tranchée. Il n'y a cependant pas une minute à perdre[1]. Son parti est aussitôt pris; il ira s'aboucher avec cet inconnu, au risque de tomber dans un guet-apens ou encore d'être tué par les obus que les batteries de Montretout et de Breteuil font pleuvoir sur ce point. Sous-officiers et soldats de tranchée veulent l'accompagner dans sa périlleuse aventure; il s'y refuse avec autorité : il suffit, leur dit-il, qu'un seul périsse, si derrière la muraille c'est la mort qui l'attend. De nouveau, le commandant Trève quitte la tranchée, court au pont-levis, lestement franchit le fossé et a bien vite rejoint l'homme aux signaux. Le sergent Constant, ne pouvant se résoudre à laisser seul le commandant Trève, l'avait suivi jusqu'au réduit. L'homme dévoué qui avait fait ce signal d'appel était Jules Ducatel, ancien sous-officier d'infanterie de marine, alors piqueur des ponts et chaussées. Domicilié à Auteuil, il suivait avec intelligence les mouvements de la défense; plusieurs fois déjà, il était courageusement sorti de Paris pour rendre compte au général Douay de la situation; ce jour-là, remarquant que les insurgés avaient abandonné cette partie des remparts, il se hâtait d'en donner connaissance aux avant-postes au moyen

---

[1] Une balle partie de la tranchée, un éclat d'obus pouvaient abattre l'auteur du signal et faire perdre tout le fruit de son acte de dévouement.

des signaux d'appel auxquels le commandant Trève avait
répondu. Confiant dans les déclarations de Ducatel, le commandant explore avec lui les bastions de gauche et de droite,
visite quelques maisons voisines, du moins ce qui en reste,
car les boulets les ont éventrées, et constate l'évacuation
complète de tout l'horizon devant lui, et alors, ne pouvant
maîtriser sa joie, il saute sur le parapet et agitant sa cas-
quette de capitaine de frégate aux yeux des hommes qui,
anxieux, veillaient de la tranchée, leur jette ce cri : « Paris
est à nous! » Cette périlleuse reconnaissance effectuée sous
le feu de nos batteries, il invite le courageux Ducatel à
sortir avec lui de la place pour rendre compte à l'autorité
militaire, et, rejoignant le sergent Constant, ils passent le
fossé pour regagner la tranchée. C'est à ce moment qu'ils
se rencontrent avec le capitaine du génie Garnier, qui lui
aussi, du haut d'une maison de Billancourt où il était en
observation, avait aperçu les signaux de Ducatel et se portait sur les lieux. La même pensée anime ces hommes
intelligents : il est urgent d'occuper la position abandonnée,
car, d'un moment à un autre, elle peut être réoccupée
par l'ennemi. Mais, au préalable, il faut faire cesser le feu
d'enfer dont l'attaque couvre la zone évacuée par les soldats de la Commune. « Commandant, dit le capitaine
Garnier, vous êtes ici le seul officier supérieur, c'est à
vous que revient l'honneur de prévenir le général en
chef. » Deux télégrammes sont adressés par le commandant Trève au général Douay, à Villeneuve-l'Étang, et au
général Vergé, à Sèvres; de son côté, le capitaine Garnier
fait prévenir le général Blondeau et le major de tranchée.

Après une grande heure d'attente, le feu des batteries de Montretout et de Breteuil cessa. Ce temps avait été employé à réunir les matériaux nécessaires au rétablissement du pont-levis. Tout danger du côté de nos batteries ayant cessé, le commandant Trève, les capitaines du génie Garnier et Férand pénétrèrent dans la place avec une section de soldats du génie. Une chose préoccupait le commandant : c'était de prévenir les explosions de fourneaux de mines que les insurgés pouvaient avoir établis ; avec l'assistance des sapeurs mis à sa disposition, il se livra à cette recherche d'un côté, tandis que le capitaine du génie Dubois consolidait le pont-levis, afin qu'il pût donner passage au corps de troupes qui s'ébranlait pour entrer dans la place, mais trop lentement au jugement du commandant Trève, qui crut devoir donner au lieutenant-colonel, commandant la garde de tranchée, le conseil de se hâter d'occuper le carrefour et de s'y établir solidement jusqu'à l'arrivée des renforts. Ceux-ci tardaient, et, supposé un retour offensif des fédérés, la situation pouvait devenir critique, lorsque déboucha la brigade Gandil : il n'y avait plus rien à redouter ; le coup de main avait réussi.

Le commandant Trève n'étant pourvu d'aucun commandement, sa mission toute de circonstance se trouvant terminée, il se dirigea en toute hâte sur Sèvres pour en rendre compte au général Vergé. Rencontré haletant et exténué par MM. Paul Sazerac de Forges et Jaminet, députés, qui mirent obligeamment leur coupé à sa disposition, il partit à fond de train et fut assez heureux pour rencontrer l'amiral Pothuau, qui, de son côté, se portait vivement vers la porte de Saint-Cloud. Le ministre, après s'être fait rendre compte de toutes les circonstances de l'heureux événement, lui prescrivit de lui en adresser le plus tôt possible le rapport officiel.

L'imprévu de l'événement avait quelque peu dérangé les combinaisons arrêtées d'avance; on perdit un temps précieux; les chefs de la Commune le mirent à profit pour multiplier les barricades. M. Maxime du Camp a affirmé que, le 21 mai au soir, il n'existait que quatorze barricades, et que vingt-quatre heures après on a pu en compter 582. Si les troupes avaient été lancées avec vigueur, le soir même elles eussent occupé l'Hôtel de ville. Ce fut à ce moment l'opinion de beaucoup d'officiers, et les écrivains de la Commune ne l'ont pas dissimulé.

Partout où le télégraphe transmit l'heureuse nouvelle se manifesta la même joie; la conscience publique se trouva allégée d'une écrasante préoccupation. Trève et Ducatel devinrent les héros du jour; les mille voix de la presse les signalèrent à la gratitude nationale. Pour le commandant Trève, il n'y avait pas de bonheur s'il n'était partagé en famille; le lendemain, 22 mai, il écrivait de Sèvres à ses deux frères à Granville : « Frères chéris, l'une « de mes bonnes connaissances, M. Limperani, député, « qui hier soir m'a reçu ici, au débotté, m'a promis de « vous télégraphier que j'étais intact. Dieu m'a visible- « ment protégé ainsi que M. Ducatel, car, lorsque j'ai « franchi le fossé sur une affreuse petite poutrelle, débris « restant de pont-levis, deux obus nous arrivaient et pul- « vérisaient tout à quelques mètres de nous. Nous voici

« donc dans Paris, et par un de ces coups inattendus qui
« déroutent tous les calculs et pour lequel Dieu a bien
« voulu se servir de moi. De mon côté, j'ai joué le tout
« pour le tout. Je vais me rendre à Versailles pour remettre
« mon rapport; après quoi, quand Paris sera libre, et il
« doit l'être dans vingt-quatre heures, si l'on pousse ferme
« de l'avant, je demanderai un congé et irai vous
« rejoindre... Enfin, quel bonheur de nous trouver
« réunis [1] ! »

Dans une autre famille, mais bien agrandie, la satisfaction n'était pas moindre. « Toute la marine vient à moi »,
écrivait l'heureux capitaine de frégate; « tout haut, partout,
« amiraux, directeurs, camarades disent : « Il faut à Trève
« le grade de capitaine de vaisseau. » A quelques jours de
là, par décret du 4 juin, le président du conseil, chef du
pouvoir exécutif, réalisait ce vœu de tous. En lui notifiant
cette haute récompense, le ministre l'accompagnait de ce
billet, que conserve la famille :

« Versailles, ce lundi.

« Mon cher Trève,

« Vous avez fait un coup de maître en entrant le pre-
« mier dans Paris, et en y faisant entrer notre brave
« armée. Je regrette que cela n'ait pas été assez dit, ni
« publié. Ce n'est pas ma faute, mais cela se sait. Allez

[1] Le second frère du commandant, le lieutenant-colonel Trève, venait
d'arriver du Sénégal, où, dans une expédition contre Fouta-Toro, qu'il
avait commandée en chef, il avait déployé de brillantes qualités militaires.
Il avait sollicité son rappel en France pour prendre part à la défense
nationale.

« remercier M. Thiers et croyez, mon cher commandant,
« à mes sentiments bien affectueux.

« Vice-amiral Pothuau. »

Le directeur du personnel, M. le contre-amiral Marti-
neau des Chesnez, lui écrivait à son tour : « Tous ceux qui
« apprécient la bravoure intelligente [1] ont applaudi à
« votre promotion. » Du côté de l'armée, les félicitations
ne manquèrent pas ; le général du génie de Rivière, sous
les ordres duquel le commandant Trève avait été momentanément placé, lui mandait : « Je me réjouis de voir que
« justice vous a été rendue sur-le-champ, et je joins mes
« félicitations à celles des nombreux amis que vous avez
« su vous faire dans l'armée de terre. »

Le 2 juillet 1871, avaient lieu des élections pour
l'Assemblée nationale ; il parut à quelques hommes poli-
tiques que la candidature de Trève à Paris était tout indi-
quée ; c'était notamment l'opinion de MM. de Girardin et
Détroyat. Ce dernier, ancien camarade de Trève à l'École
navale, insiste près de lui pour qu'il la pose ; il refuse.
« Avez tort immense, ne retrouverez jamais pareille occa-
« sion, ne renoncez à aucun prix », lui télégraphie un
député influent. Le commandant Trève, tour à tour homme

---

[1] N'ayant en vue, dans ces pages, que le commandant Trève, nous ne
pouvons sortir de ce cadre restreint. Toutefois, rappelons ici que Ducatel,
après sa sortie par la porte de Saint-Cloud, courut se mettre à la disposition du
général Douay, qui lui donna une gratification de 30,000 francs ; d'autre part, une
souscription ouverte par le *Figaro* en sa faveur produisit plus de 100,000 fr.
Ducatel, père d'une nombreuse famille, fut en outre nommé à la percep-
tion de Melun, et, sur l'insistance du commandant Trève, il obtint la croix
de chevalier de la Légion d'honneur.

d'action et d'étude, répugnait à assumer la responsabilité attachée à la fonction de législateur. Finalement il refusa, et depuis on lui a donné plus d'un motif de le regretter.

Bientôt le soin de sa santé s'imposa impérieusement ; une bronchite contractée au cours du rude hiver 1870-1871, au fort de Noisy, où il ne s'était pas ménagé, devint assez inquiétante pour rendre le séjour du Midi nécessaire. Ce fut au climat de Cannes qu'il demanda son rétablissement, et, au moyen de congés successifs, il put y prolonger son séjour jusqu'à guérison complète. Avec la santé se réveilla son ardeur pour les recherches scientifiques, et elles paraissaient devoir l'absorber, lorsqu'un mariage, tel qu'il l'avait désiré, vint le conduire au port souvent entrevu et toujours manqué.

Le 30 octobre 1873, à l'église de Saint-Germain des Prés, un prêtre dont la science gardera le nom, M. l'abbé Moigno, chanoine de Saint-Denis [1], bénissait, en présence d'une brillante et sympathique assistance, l'union du commandant Trève avec mademoiselle Alix Chopard, originaire de Bourgogne, et dont la famille était alliée à celle du maréchal Vaillant.

En 1874, au cours d'un voyage en Italie, le commandant et madame Trève furent présentés à Pie IX par l'ambassadeur de France. On n'avait pas perdu, à la Curie romaine, le souvenir des services rendus par le lieutenant de vaisseau Trève aux missions catholiques dans l'extrême

[1] Le savant fondateur du *Cosmos*.

Orient; il se trouvait ce même homme qui, en provoquant, avant le moment fixé, l'entrée de l'armée dans Paris, avait préservé de la ruine et de l'incendie Notre-Dame et tous les sanctuaires de la capitale d'un grand peuple : le Saint-Père, pour l'en récompenser, le créa commandeur de son Ordre.

À sa rentrée en France, il fut attaché au ministère de la marine en qualité de membre de la commission supérieure des défenses sous-marines, ce qui permit à cet infatigable chercheur de reprendre avec suite l'étude des applications de l'électricité aux usages de la navigation. Il fit part à l'Académie des sciences des résultats de ses recherches dans des notes que présentèrent, en son nom, MM. Desain, Edmond Becquerel, l'amiral Paris, Berthelot et Dumas[1].

Ces travaux ne lui faisaient pas perdre de vue les nécessités de la carrière; pour arriver officier général, il y a des conditions de navigation à remplir : le commandant Trève demanda à servir à la mer et fut nommé au commandement du croiseur *le Desaix,* dans l'escadre de la Méditerranée. Ce temps de commandement fut fécond en études et en expériences : celle qui marqua, et qui est destinée à un grand résultat pratique, est l'invention d'un ombrageur

---

[1] Note du 19 mars 1872, sur les aimants. — Note du 1er février 1875, sur les atmosphères des aimants. — 1er juillet 1875 : Influence du magnétisme sur l'extracourant d'ouverture. — Note du 30 août 1875, sur les signaux de nuit pour éviter les abordages. — Note du 6 novembre 1876, sur un nouveau phénomène dynamomagnétique. — Études magnétiques sur les aciers, ayant pour objet la recherche des conditions de trempe et de composition chimique les plus favorables à la fabrication des canons et des armes portatives. — Note du 16 octobre 1876, sur l'action ciselante produite par les acides sur les divers métaux.

électrique au sujet duquel une note du plus haut intérêt
fut présentée, le 27 janvier 1879, à l'Académie des sciences,
par M. Dupuy de Lôme. Suivant une heureuse expression
du célèbre ingénieur, c'était une première greffe de l'électricité aux machines marines, dont la marche était, par un
procédé des plus ingénieux, mise entre les mains du capitaine du navire. Une fin prématurée a empêché le commandant Trève de donner à son invention les perfectionnements
nécessaires pour la faire entrer dans la pratique ; mais l'idée
en est trop précieuse pour qu'elle ne soit pas reprise un jour.

Trève, capitaine de vaisseau, retrouva à bord du *Desaix*
toutes les qualités qui, lieutenant de vaisseau, faisaient de lui
un manœuvrier de premier ordre ; chargé d'expérimenter
les torpilles divergentes de l'invention de MM. Chauvin et
de la Chauvinière, il fut complimenté par le ministre dans
une dépêche adressée au commandant de l'escadre, et dont
nous ne pouvons mieux faire que de reproduire les termes.

« Paris, le 21 février 1877.

« Monsieur le vice-amiral,

« Le programme, que vous avez approuvé, a complète-
ment réalisé, dans son ensemble et dans ses détails, le but
de mes instructions : la manœuvre du *Desaix,* fort délicate
à réussir dans les circonstances de mer qui se sont pro-
duites, fait honneur à M. le commandant Trève ; enfin, la
destruction du *Lézard* a prouvé la confiance que l'on peut
avoir dans ce nouvel engin.

« Veuillez donc agréer, Monsieur le vice-amiral, l'expression de ma satisfaction et la transmettre aux officiers qui

ont pris part à ces expériences, notamment à M. le commandant Trève et à M. le lieutenant de vaisseau Chauvin, l'un des inventeurs.

« Le vice-amiral, sénateur, ministre de la marine et des colonies.

« *Signé :* FOURICHON. »

Ce fut à bord du *Desaix,* ayant à sa remorque l'*Argonaute*, que fut faite avec un plein succès la première application du téléphone pour mettre en communication deux navires, l'un remorquant l'autre. Enfin, à la période du commandement du *Desaix* (1876-1878) appartient un travail considérable, exécuté, sous la direction de son commandant, par MM. les lieutenants de vaisseau Des Portes et Aubert, ayant pour titre : *Calcul des angles de route, des vitesses et des temps nécessaires pour effectuer les évolutions de la nouvelle tactique navale en essai.* Ce travail fut présenté à l'Académie des sciences par M. l'amiral Jurien de la Gravière, comme pouvant figurer à côté des remarquables *méthodes de navigation* dont M. le vice-amiral Bourgois avait déjà doté la marine.

Le commandant Trève avait quitté le *Desaix* avec l'espoir de monter bientôt sur un cuirassé. Il était de règle à ce moment que, pour arriver aux étoiles de contre-amiral, il fallait passer par cette épreuve ; il fut, le 1er février 1879, nommé au commandement de l'école des torpilles de Boyardville. C'était une déception : il n'avait jamais compris l'établissement d'une école de ce genre sur cette plage de sable où la mer, en baissant, empêche les exercices pratiques et où, même en été, des mauvais temps trop fréquents viennent les interrompre ; il était aussi peu admirateur du mode d'instruction adopté, et il sentait qu'il allait se trouver aux prises avec un esprit de clocher et des résistances en hauts lieux difficiles à vaincre. Rien n'est délicat comme le rôle de réformateur : souvent on est peu compris, et personnellement on y perd plus qu'on n'y gagne. Le commandant Trève, avec le seul bien du service comme objectif, signala courageusement ce qui, à son sentiment, devait être modifié ; des adhésions sérieuses lui étaient d'ailleurs acquises parmi d'éminents amiraux. Grâce à son insistance, l'instruction théorique des officiers-élèves fut fortifiée par l'adjonction au personnel enseignant de l'école d'un professeur de sciences de l'Université. D'autres réformes, dont il avait eu la pensée, furent réalisées après qu'il eut quitté le commandement de l'école. Aujourd'hui, il se réjouirait de la voir transférée à Toulon. A l'expiration de son temps de commandement, le ministre, en lui notifiant son remplacement, lui écrivait :

« Monsieur le commandant, au moment où vous allez « quitter cet important commandement, je suis heureux de « vous témoigner ma satisfaction pour la manière dont « vous avez dirigé pendant deux années l'école de Boyard-« ville [1].

« *Signé :* Vice-amiral CLOUÉ. »

---

[1] Dépêche du 8 février 1881. Ce témoignage de satisfaction avait été provoqué par M. le vice-amiral de Jonquières, préfet maritime à Rochefort, qui avait en même temps proposé le commandant Trève pour la croix de commandeur et pour un commandement de vaisseau cuirassé.

Ces deux années avaient été laborieuses ; le commandant
Trève se délassait d'un travail par un autre. Le plus important fut son étude sur les courants d'Ampère et leur préexis-
tence dans les substances magnétiques. Ce travail, avec
deux autres sur l'aimant et sur les courants d'Ampère et
le magnétisme rémanent, fut présenté à l'Académie des
sciences dans ses séances des 4 et 11 août 1879. Ampère
s'est demandé si les courants moléculaires des aimants se
créent de toutes pièces dans les substances magnétiques
pendant l'aimantation, ou bien si la cause qui aimante ne
fait que déterminer une circulation de courants *préexistant*
dans les métaux à l'état naturel. A la suite d'expériences
laborieuses, le commandant Trève déclarait qu'il y avait
toutes raisons d'admettre que les courants particuliers
préexistent dans les métaux magnétiques, et que le courant de la pile, cause de l'aimantation, en *détermine la
circulation et l'orientement*. S'agit-il, au contraire, d'un
métal non magnétique, du cuivre, par exemple? le courant de la pile, ne rencontrant pas sur sa route ces courants
particulaires, ne donne qu'une aimantation faible. Rien
n'égale la mobilité des courants d'Ampère, la facilité avec
laquelle ils se dépolarisent et reprennent leur cours dans
toutes les directions, ainsi que l'avait présenté et déclaré
l'illustre physicien français. Il existe d'ailleurs une énorme
disproportion entre la force nécessaire pour aimanter un
barreau d'acier et celle qu'il faut employer pour le désai-
manter. Supposons qu'il faille cinq bunsens pour aimanter un barreau à saturation. Pour dépolariser ces
courants d'Ampère, c'est-à-dire pour ramener le barreau

à l'état naturel, il suffit de faire passer dans la bobine qui l'enveloppe le courant inverse d'un élément microscopique à eau légèrement acidulée.

Cette extrême mobilité des courants d'Ampère conduisit l'habile expérimentateur à reconnaître qu'il suffit de frapper quelques coups sur l'extrémité d'un barreau aimanté pour dépolariser ses courants, et lui faire perdre, par conséquent, son aimantation. Il suit de là qu'il suffit d'un choc sur un électro-aimant, au moment où le courant cesse, pour diminuer la durée de sa désaimantation dans des proportions considérables et, par conséquent, remédier au magnétisme rémanent.

L'exposition internationale d'électricité, en 1881, fut pour le commandant Trève, qui y avait pris part, l'occasion d'une reconnaissance très-flatteuse de la compétence qu'il s'était acquise dans cette branche merveilleuse de la science : le jury des récompenses lui décerna (octobre 1881) le diplôme d'honneur dit de coopération, institué en faveur des savants français et étrangers ayant participé à l'exposition.

Une carrière si utilement poursuivie appelait une haute récompense : par décret du 29 décembre 1881, le commandant Trève était élevé au grade de commandeur de la Légion d'honneur. « Je vous annonce avec une vive satis-
« faction, lui écrivait le ministre, cette récompense de
« vos services distingués ; j'ai mis un intérêt tout particu-
« lier à vous la faire obtenir.

« *Signé :* GOUGEARD. »

La direction du personnel, à ce moment, était confiée à un officier général [1] dont la modestie ne parvenait pas à voiler le haut mérite. Marin consommé, il souffrait de l'insuffisance de l'instruction nautique que les aspirants de deuxième classe recevaient en escadre à leur sortie de l'École navale, et il n'y voyait de remède que par le rétablissement du vaisseau École d'instruction. Il jeta les yeux sur Trève pour cet important commandement, après toutefois s'être assuré de sa pleine adhésion au plan d'instruction qu'il avait conçu. Mais dans l'intervalle un changement de ministre était survenu; le directeur du personnel ne put faire accepter ses vues, et bientôt il se retirait.

Ajournant pour un temps tout espoir de reprendre la mer, le commandant Trève sollicita une situation à Paris et fut nommé à la présidence des commissions nautiques du littoral. Ce poste lui assurait la résidence de Paris, où ses relations avec les hommes de science s'étendaient à mesure que lui-même prenait rang parmi eux. Une noble ambition commençait à germer dans son esprit; c'était celle d'entrer à l'Institut. Au jugement d'amis compétents, ses nombreux travaux, dont, au cours de ce travail, nous n'avons signalé qu'un certain nombre, lui créaient des titres sérieux. Dès 1879, et à la suite de sa remarquable étude sur l'aimant et sur les courants d'Ampère, le savant directeur du *Cosmos* écrivait :

« Les vues théoriques de notre ami M. Trève sont à la fois neuves et vraies; ses expériences sont très-ingénieuses

____
[1] M. le contre amiral Mottez.

« et très-délicatement faites. Il a fait le premier, à ma
« connaissance, un pas important dans la voie mystérieuse
« ouverte avec tant de pénétration par Ampère, mais il
« reste à mettre encore plus en évidence l'existence du
« mouvement tourbillonnaire commun aux molécules de
« tous les corps magnétiques et diamagnétiques; à les
« montrer en quelque sorte au regard par des expériences
« aussi saisissantes que celles par lesquelles M. Crookes
« nous a révélé tout un monde de mouvements moléculaires.
« Que notre savant ami M. Trève ne s'arrête donc pas en si
« bon chemin; qu'il commence une nouvelle campagne et
« qu'il aille jusqu'au bout. Il a mérité glorieusement que le
« magnétisme lui révèle ses derniers secrets, comme
« l'acier lui avait révélé les siens dans les mémorables
« expériences du Creusot. L'Académie des sciences alors
« lui ouvrira ses glorieuses portes. »

Depuis lors, la réputation de savant du vaillant marin
n'avait fait que grandir, et le 17 mars 1884, l'Académie des
sciences ayant à pourvoir à une vacance d'académicien
libre, le moment parut propice pour poser sa candidature.
MM. Dumoncel et l'amiral Paris, dans un remarquable
exposé des travaux et des titres du commandant, s'en firent
les soutiens au sein de l'illustre assemblée; et, s'il ne fut
pas élu, le nombre de suffrages obtenus put lui faire entre-
voir des espérances fondées pour l'avenir.

Mais l'expédition du Tonkin et la guerre dont elle fut
la cause avec la Chine, attiraient l'attention de tous. La
marine y prenait et était appelée à y prendre une part
chaque jour plus brillante; Trève, bien que sa santé, depuis

plus d'un an, laissât fort à désirer, se fit un reproche de
rester à Paris ; la terre semblait lui brûler les pieds ; il
sollicita un commandement dans l'escadre de l'extrême
Orient : on lui donna celui du cuirassé *l'Atalante*. Ce n'est
pas qu'il approuvât cette nouvelle guerre ; six années
passées en Chine et au Japon, l'attention qu'il n'avait cessé
de donner à leurs progrès, lui avaient permis de juger le
colosse avec lequel la France entrait en conflit. La qualifi-
cation de « quantité négligeable » qui lui avait été appli-
quée excitait chez le commandant Trève un véritable
courroux. Mais la lutte était engagée ; il ne s'agissait plus
de faire de la politique, mais de combattre. Il partit donc
après avoir donné sa démission de président des commissions nautiques du littoral. À ce sujet, M. Raynal, ministre
des travaux publics, écrivait au ministre de la marine : « Je
« crois devoir vous signaler le concours éclairé que M. le
« commandant Trève a prêté à mon administration, et je
« vous prie de lui faire savoir que ses efforts ont été parti-
« culièrement remarqués et appréciés lors des nombreuses
« enquêtes nautiques qu'il a eues à diriger et à présider. »
Tout en comprenant le sentiment qui avait porté le
généreux marin à reprendre la mer, sa famille et ses amis
n'étaient pas très-rassurés sur la possibilité pour lui de
résister aux fatigues d'un commandement sous le ciel du
Tonkin et celui de la Chine ; cette appréhension fut parta-
gée par ceux qui, devant Thuan-han, le virent monter à
bord de *l'Atalante* pour en prendre le commandement.
L'événement trompa les prévisions les plus pessimistes ;
les devoirs, la responsabilité du commandement firent la

plus heureuse diversion à des investigations trop obstiné-
ment dirigées vers l'inconnu, et sa santé se fortifia, malgré
les épreuves d'un ciel de feu et les fatigues qui signalèrent
le blocus de Formose. Mais n'anticipons pas. Cette campagne,
où le commandant de l'*Atalante* avait pu apercevoir des
lauriers à conquérir, ne réalisa pas ses espérances : l'*Atalante*, à cause de son grand tirant d'eau, ne pouvait atteindre l'ennemi dans les petits fonds où il se réfugiait, et, à la
grande désolation d'un état-major désireux de se signaler
et d'un équipage de trois cents hommes que son commandant représentait comme autant de lions prêts à bondir,
l'amiral Courbet ne put associer l'*Atalante* aux actions de
guerre qui ont fait sa gloire. Trève était d'ailleurs le plus
ancien capitaine de vaisseau d'une escadre qui fut constamment fractionnée, et, la plupart du temps, il remplaça avec
le guidon de chef de division les amiraux Courbet et Lespès.
Il passa d'abord à Touranne de longs mois d'attente et d'isolement en qualité de commandant du blocus des côtes sud
de l'Annam, puis succéda à l'amiral Courbet dans la baie
d'Halong, où il eut jusqu'à onze navires sous ses ordres.
Longtemps à Matsou, poste d'avant-garde à la porte de la
Chine, et chargé d'y assurer les communications télégra-
phiques, il eut l'espoir d'y être attaqué par les croiseurs
que poursuivit en vain plus tard l'amiral Courbet. Successivement, il fut chargé du commandement supérieur du
blocus à Tamsui, puis à Kélung. L'histoire de cette mémorable campagne est écrite; chacun sait les épreuves
auxquelles furent soumis nos bâtiments, leurs équipages et
les troupes d'occupation.

Voici une lettre de Tamsui :

Tamsui, 10 mars 1885.

« Ici, toujours la même existence ! Une saison très-rigou-reuse passée en pleine mer, c'est-à-dire, à 3 milles de Tamsui, par 30 mètres de fond avec 7 maillons devant le nez ! Coups de vent continuels, mer le plus souvent énorme, roulis et tangage à proportion : c'est la cape à l'ancre, sous les feux depuis quatre mois et en branle-bas de combat perpétuel ! Voilà notre existence, laborieuse, pénible parfois, depuis un an (dans 40 jours), mais encore peu glorieuse.....! Enfin, comme il n'y a pas de sot métier, dit-on, il faut espérer que le ministre voudra bien apprécier favorablement les services obscurs de l'*Atalante,* si bien préparée, entraînée, cependant, avec son bon état-major et son superbe équipage, si prête à bondir et à crever la paillasse à quelque céleste croiseur !

« Voici les dernières nouvelles : je crois bien que l'amiral Courbet est en train de faire quelque nouveau bon coup sur la côte de Chine. Il est la terreur des Chinois.

« Et moi, je suis ici avec 2 croiseurs, chargé du blocus au nord de Formose. Depuis quelques jours je me suis rapproché du port, pour les canonner de temps à autre, quand ils paraissent trop nombreux dans leurs travaux de défense en vue d'un débarquement prochain : mes canons de 19 font merveille !

« A la fin de ce coup de vent, il est probable que j'irai le plus près possible pour les secouer vivement et leur démonter les grosses pièces que j'aperçois..... »

5.

« Voici maintenant Kélung, en quelques lignes empruntées au livre si vrai, si intéressant, de M. Maurice Loir : « A Ké- « lung, les navires étaient en perdition un jour sur deux, et « les officiers anglais de Hong-kong, qui connaissaient les « dangers de ces parages, engageaient des paris sur la « perte des navires français. On n'entendait parler que de « chaînes cassées, d'ancres perdues. Il fallait que l'hélice « fût constamment prête à tourner, et, ce qui est plus dif- « ficile, qu'elle pût partir à la seconde, sinon, la cata- « strophe était imminente. La côte de Formose était appe- « lée avec raison le tombeau des ancres. »

« Heureux si nous n'y avions laissé que des ancres! mais que de marins, de soldats tués par l'ennemi, victimes des privations et de l'insalubrité du climat, ont payé de leur vie la fatale erreur qui nous fit aborder à Formose! Les avis utiles n'ont pas manqué au pouvoir; mais, écrivait-on au commandant, « au ministère de la marine, on n'y peut « rien. C'est le président du conseil qui fait tout, qui or- « donne tout, qui endosse tout, et qui se fâche tout rouge « quand on semble vouloir le contrecarrer » .

Pendant les onze mois que le cuirassé *l'Atalante* fut oublié à Touranne, son commandant fut fidèle à la mission qu'il s'était donnée de protéger les missionnaires, persuadé de faire à la fois acte de bon chrétien et de bon Français, car, là où pénètre le missionnaire catholique, la France ne tarde pas à être connue et aimée. C'est ce que lui écrivait, le 25 janvier 1886, le Père Kaissaut, missionnaire aposto- lique à Touranne. « Comment vous remercier dignement, « mon commandant, de tout ce que vous avez fait pour

« moi, pauvre petit missionnaire, de tout ce que vous avez
« fait pour la religion et surtout pour la France ; car, l'in-
« fluence du missionnaire est une influence acquise à la
« France? » Ces missionnaires ont parfois fait parvenir aux
chefs militaires les avis les plus utiles ; bien inspirés, s'ils
en eussent tenu un peu plus de compte !

La paix était signée, ou plutôt bâclée. On était las de
cette guerre sans nom. Au grand regret de toute l'escadre,
la France rendait les îles Pescadores, conquête la plus
précieuse de cette pénible et ruineuse campagne. Il fallut
les évacuer, après quoi l'*Atalante* reçut l'ordre d'aller
désarmer à Saïgon. Bien que n'ayant pas été au feu, ce
vieux cuirassé avait fait bonne figure dans l'escadre : au
demeurant, les tempêtes, un service incessant avaient plus
endommagé nos bâtiments que les boulets chinois. Le
commandant de l'*Atalante* revint en France ; il était depuis
quinze ans bientôt capitaine de vaisseau, trois fois il avait
commandé dans son grade. Il revenait avec l'espoir fondé
d'être fait bientôt contre-amiral, couronnement bien mérité
d'une carrière si honorablement parcourue.

Un mois ne s'était pas écoulé qu'un accident de voiture
à jamais déplorable enlevait le brave marin à sa famille,
à son pays !

L'émotion fut profonde à Paris et dans les ports. Le
concert de regrets et de louanges que fit entendre la
presse, sans distinction d'opinion, trouva sa note exacte
dans les adieux que le vice-amiral Bourgois adressa sur
cette tombe, si inopinément ouverte, à son ancien officier
de choix ; nous les reproduisons intégralement :

« MESSIEURS,

« Encore une belle intelligence éteinte. Encore un noble cœur qui a cessé de battre. Encore un serviteur dévoué de la marine et du pays frappé par un accident vulgaire et brusquement arrêté dans une carrière qui lui promettait de nouveaux honneurs et de nouveaux succès. — Celui que nous pleurons, Messieurs, avait au plus haut degré le sentiment de ses devoirs envers la patrie et notre marine. Sa vie entière leur a été consacrée. Il en eût fait pour elles avec joie le sacrifice. Ici, au bord de cette tombe, je dois me borner à en rappeler les traits principaux.

« Son goût pour les sciences physiques l'avait porté d'abord à étudier l'emploi des engins explosibles et des applications de l'électricité à la navigation et à la guerre maritime. Lieutenant de vaisseau en 1859, sur l'escadre de siége dans l'Adriatique, il coopéra à d'intéressantes expériences d'explosions sous-marines dont la prompte conclusion des préliminaires de Villafranca ne permit pas d'utiliser les résultats. En 1860, dans l'expédition de Chine, il fit, à la destruction de quelques forts de Takou, après leur prise, une des premières applications de l'électricité à la mise en feu simultanée des fourneaux de mine.

« Quand la paix avec le Céleste Empire fut signée, Trève de marin devint diplomate. Successivement consul à Tien-tsin, secrétaire de légation et même chargé d'affaires intérimaire à Pé-kin, il aida notre ministre, M. de Bourboulon, à conclure avec la Chine un traité qui plaça enfin les chrétiens chinois sur un pied d'égalité avec leurs compatriotes. La croix d'officier de la Légion d'honneur fut la récompense de ces services.

« La guerre de 1870 le trouva capitaine de frégate, poursuivant ses travaux scientifiques à Paris. Il prit part à la défense de la capitale, en établissant des lignes de torpilles sur quelques-uns de ses abords et en commandant le fort de Noisy. La douleur de rendre des forts qui n'avaient pas été pris fut vive chez tous les officiers qui les défendaient. Elle mit les jours de Trève en péril.

« Lorsqu'il fallut reprendre Paris sur l'insurrection de la Commune, Trève, aux avant-postes, guettait l'occasion de montrer encore son dévouement. Il la saisit avec empressement, lorsque Ducatel, près de la porte du Point du Jour, l'informa du haut du rempart de l'absence de défenseurs. Sans être arrêté par la crainte de tomber dans un piége, Trève traverse le fossé sur une poutrelle, pénètre dans la place, s'assure de l'exactitude du renseignement, le transmet aux chefs militaires, et rentre dans Paris en guidant la tête de colonne de l'armée, qui va rendre à la France sa capitale et arracher celle-ci à l'incendie.

« Le grade de capitaine de vaisseau fut la récompense de cette brillante conduite. Trève commanda, dans ce grade, le croiseur *le Desaix* dans l'escadre d'évolutions, et l'école des défenses sous-marines de Boyardville.

« Travailleur infatigable, toujours à la recherche d'applications à la marine et de progrès nouveaux de sa science de prédilection, l'électricité, il étudia particulièrement l'influence de cet agent sur la constitution moléculaire des corps ; il fut grièvement blessé à l'œil, en faisant une intéressante expérience sur le passage de l'électricité dans l'air comprimé.

« Lorsque la guerre de Chine éclata, il obtint le commandement du cuirassé *l'Atalante* dans l'escadre de l'extrême Orient, commandée par l'illustre amiral Courbet. Appelé par son rang d'ancienneté à suppléer souvent l'amiral, sur des points éloignés parfois du théâtre des hostilités, il eut le vif regret de ne pas y prendre une part assez active.

« La joie du retour au foyer domestique, où l'attendaient les plus chères affections, celle surtout d'une compagne aimante et dévouée, la reprise de ses études, lui faisaient déjà oublier ce mécompte, lorsque la perte d'un frère, colonel d'infanterie de marine en retraite, est venue le frapper douloureusement, et à peu de jours de distance, il est tombé lui-même, victime du fatal accident que nous déplorons.

« Puissent au moins les nombreux témoignages de sympathie dont sa mémoire est l'objet adoucir le chagrin de sa perte chez ceux qu'elle atteint si cruellement.

« Et toi, brave commandant, cœur généreux, excellent ami, reçois nos adieux, ceux de la marine entière qui perd en toi un de ses plus vaillants serviteurs.

« Va rejoindre ton glorieux amiral dans ce monde meilleur, promis par la foi à l'homme de bien qui eut pour devise : « Dieu et la Patrie », et lui fut toujours fidèle. »

En même temps, le ministre de la marine, se faisant

l'organe du corps entier de la marine, adressait à la veuve, abîmée, la lettre suivante :

« MADAME,

« J'ai été bien vivement impressionné en apprenant la
« nouvelle de la mort de votre mari, M. le capitaine de
« vaisseau Trève.

« Par la distinction de ses services, par l'élévation de
« son caractère et par ses travaux scientifiques, M. le
« commandant Trève s'était acquis une juste notoriété. Le
« pays ne saurait oublier les services exceptionnels que
« cet officier supérieur lui a rendus, notamment pendant
« le siége de Paris, et tout récemment encore dans les mers
« de Chine, comme commandant du cuirassé *l'Atalante*.
« La mort est venue briser la carrière du commandant
« Trève au moment où il était en droit d'attendre la
« récompense de ses brillants services.

« Je suis l'interprète du corps entier de la marine, en
« vous adressant, Madame, l'expression de ma douloureuse
« sympathie, pour le malheur qui vient de vous frapper
« si cruellement.

« Agréez, Madame, etc.

« Le ministre de la marine,

« *Signé :* Vice-amiral GALIBER. »

Les mêmes regrets sympathiques se reproduisirent une
dernière fois au sein de l'Académie des sciences, le
27 avril 1886, à l'occasion d'un travail inédit, trouvé dans
les papiers du commandant et intitulé : *Essai d'une expli-*

cation physiologique sur les couleurs complémentaires, et que l'illustre et vénérable M. Chevreul voulut lui-même présenter à l'Académie, à titre de dernier hommage dû au savant marin.

Dans un autre ordre d'idées, il a écrit pour la *Revue maritime et coloniale* une notice sur son ami, l'infortuné lieutenant de vaisseau Garnier.

Le journal *le Tour du monde* contient une relation intéressante d'une excursion de Pé-kin à la grande muraille de Chine, due à la plume de Trève. Enfin on lui doit une étude originale de tactique, intitulée : *la Bataille d'Aboukir telle qu'elle aurait pu être.*

Comme dernier trait, disons que généreux, cordial, bienveillant et hospitalier, il ne perdit jamais l'occasion de rendre service. Il avait pour ses équipages cette sollicitude qui est de tradition dans ce noble corps des officiers de marine. Dédaigneux des dangers, il aimait à les braver, et se plaisait aux manœuvres hardies. Il prétendait que c'était ainsi qu'il fallait former les officiers appelés aux terribles luttes corps à corps de la marine à éperon et des torpilleurs. Mais cela n'était pas du goût de tous les chefs et l'a fait accuser d'une certaine exaltation de caractère et de singularités dont on s'est servi pour lui nuire. Et cependant, peu d'hommes mieux que lui savaient se mettre au-dessus des ressentiments particuliers; son cœur, foncièrement bon, ne connaissait ni le fiel ni l'envie, et il savait être sincèrement humble avec lui-même et devant Dieu.

Le commandant Trève repose au cimetière Montparnasse ; une pierre modeste recouvre ses restes. Peut-être

un jour viendra-t-il où Paris, se souvenant de l'immense
service qu'il lui a rendu, le 21 mai 1871, y fera graver
l'expression de sa gratitude [1]. Nous le souhaitons; nous
l'espérons.

[1] Comme appréciation du service rendu, nous ne saurions mieux faire
que de reproduire celle du général Vinoy, tirée de son livre sur le siége de
Paris, pages 301 et 304.

« Le commandant Trève pénétra le premier dans Paris; il fut bientôt
suivi par le bataillon de garde de tranchée, et un sous-officier de ce
bataillon planta en même temps le drapeau tricolore sur les murs de la
ville reconquise. C'était là un résultat immense et, on doit le dire, inespéré.
Paris était enlevé sans qu'une lutte cruelle et sanglante eût signalé l'entrée
de nos soldats, et la Commune était mise dans l'impossibilité de compléter
ses sinistres préparatifs de destruction et de ruines.

PARIS. — TYPOGRAPHIE DE E. PLON, NOURRIT ET Cⁱᵉ, RUE GARANCIÈRE, 8.

www.ingramcontent.com/pod-product-compliance
Ingram Content Group UK Ltd.
Pitfield, Milton Keynes, MK11 3LW, UK
UKHW031827170726
13836UKWH00004B/1535